Karpathos
Sehnsucht nach
dem windumwehten Eiland

Ein Reisebegleiter

γ edition-galini

Für Oskar Manuel — willkommen auf der Welt!

Andrea und Petros: *Jamas katzekaki, taxi?*

*Vielen Dank an Sepp Heiss für die schönen
Fotografien, die er für dieses Buch zur Verfügung gestellt hat.*

*Ganz herzlichen Dank an Björn Engholm für die Unterstützung
bei dem Kapitel über Constantinos Litos.*

Lektorat: Helga Beck, Frankfurt am Main

© „To Karavi", Sepp Heiss, Ferreirola/Spanien
© „Wir sind die letzten, wir werden es bleiben", Ernesto Scagnet, 2008.
Alle Rechte vorbehalten, FAZ GmbH, Frankfurt am Main.
Zur Verfügung gestellt vom Archiv der Frankfurter Allgemeine.
© Verlag Gisela Preuss / edition-galini, Bad Vilbel
Titelfoto: Manfred Jung, Bad Vilbel
Druck und Verarbeitung: Bercker Graphischer Betrieb, Kevelaer
Printed in Germany

ISBN 978-3-9814396-1-8

Inhalt

Gedanken an Karpathos **8**
Die Nabelschnur **18**
Taverne Karpathos, Baltimore **22**
Steine im Sand **24**
Robinson Crusoe **30**
Forokli Beach **34**
Gigantisches **36**
Urgestein **42**
Alles Theater **50**
Die göttliche Frucht **52**
Majiritza **56**
Logenplatz **58**
Korsarengesindel **62**
Ein Herz für Tiere **70**
Das Wappentier **76**
Sonnenplatz **80**
Poseidons Rosse **82**
Aus dem Bilderbuch **86**
Fischiges **94**
Siebentausendmeilenstiefel **100**
Winter auf Karpathos **104**
Wasserweihe **112**
To Karavi **114**
Surfers Paradise **118**
Heiliges Brot **122**
Ein Himmel voller Wünsche **124**
Verlassene Erde **128**
Doppeladler **134**
Wir sind die letzen, wir werden es bleiben **136**
Märchen aus Menetes **146**
Königinnen **150**
Gefährliche Zeiten **154**
Weißes Gänseblümchen **156**

Windumwehtes Eiland

KARPATHOS – Sehnsucht nach dem windumwehten Eiland ist eine Fortsetzung des Reisebegleiters *KARPATHOS – Ankerplatz im Meer der Sehnsucht*.

Auch hier stehen wieder Erzählungen über die Einheimischen, die Beschreibung ihrer Kultur und Traditionen sowie der Versuch eines Blicks hinter die Kulissen im Vordergrund.

Veröffentlicht wurde das Buch in der *edition-galini*, die sich auf die Publikation von „Karpathos-Literatur" spezialisiert hat.

Galini ist eine Meeresnymphe aus der griechischen Mythologie und gilt als die schönste der fünfzig *Nereiden*. Mit ihrem Liebreiz und milchweißen Antlitz konnte sie alle Menschen bezaubern.

Ihre Aufgabe war es, für ein ruhiges Meer zu sorgen. Daher wird *Galini* auch als Schutzgöttin der Seeleute verehrt und ist häufig als Galionsfigur am Bug griechischer Schiffe zu sehen. Um ihre Schutzbefohlenen auch in der Nacht zu behüten und ihnen Orientierung zu geben, hat sie aus ihrer Milch das Rad der Sterne (Galaxi) und die Sternenbilder erschaffen. Die Bezeichnung der Milchstrasse (γάλα bedeutet im Griechischen „Milch") geht ebenfalls auf sie zurück.

Das Adjektiv *galini* bezeichnet seit der antiken Philosophenschule die „Abwesendheit von Unruhe und Verwirrung in der menschlichen Seele", also den Seelenfrieden.

Gibt es eine schönere Metapher für die Beschreibung des Zustandes, in dem sich der Karpathos-Reisende befindet, wenn er nach einem langen Winter endlich wieder angekommen ist – angekommen auf seinem windumwehten Eiland?

Viel Freude bei der Lektüre des Buches!

Όσα και να σου τραγουδώ, όσα και να σου λέω
Κάρπαθος, έρχονται στιγμές, σε σκέπτομαι και κλαίω.
Φύσα μαϊστραλάκι μου, πέλαγα θ' αρμενίσω
στη όμορφη μας Κάρπαθο, να αγκυροβολήσω.

Wieviel auch immer ich für dich singe, was auch immer ich zu dir sage
Karpathos, es kommen Momente, da denk ich an dich und weine.
Wehe mein Maestral, die Meere werde ich besegeln
an unserem schönen Karpathos dann vor Anker gehn.

Gedanken an Karpathos

Warum nur muss ich immerzu an Karpathos denken?
Denken an diesen einsamen Felsenrücken
  im weiten ägäischen Meer,
denken an dieses strahlende Licht
  mit seinem tausend Farbfacetten,
denken an diese großartigen Menschen,
  mit denen man ohne Worte von Herz zu Herz sprechen kann.
Denken und nicht mehr vergessen ...

Diese Insel nistet sich ein!
 Sie nistet sich im Bewusstsein ein, in der Seele und im Herzen. Sie füllt es aus und verdrängt alles andere – schon nach dem ersten Besuch.

Wenn Karpathos in der Ferne auftaucht – von der Fähre oder vom Flugzeug aus betrachtet – hat man den Eindruck, als ob die Insel über dem Meer schwebt, dieses gar nicht berührt, oder als ob sie mit ihrem ruhig dahin fließenden Leben im Meer vor sich hindümpelt. Es ist paradox, trotz der Insellage scheint es keine Grenzen zu geben.
 Beim Betreten der Insel wirkt alles so frisch, so sauber und so rein wie am Tag der Schöpfung. So jungfräulich wie die Enthüllung eines Kunstwerkes, die den Blick auf eine wertvolle Skulptur frei gibt. Dieser erste Blick ist ohne Anmaßung, man kann kein glücklicheres Eintauchen in die ägäische Welt finden. Gleich spürt

man eine beruhigende Wirkung, eine Befreiung von allen Sorgen, die sich wie unter einem Zauber vollzieht. Tage, die hier anbrechen, können sich nur zu ihrer Vollendung entfalten.

Am frühen Morgen dürfen wir es erleben, wie sich die Insel gleich einer Rose langsam öffnet, wie das weinrot gefärbte Meer der aufgehenden Sonne entgegenglüht. Bald wird sie den feinen Schleier aus Morgentau aufnehmen, mit dem die ganze Insel gleich einem Tränenmeer überzogen ist. Einem Meer geweint von tausend Sternen, weil sie die Insel im Morgengrauen verlassen mussten.

Wir hören das Tuckern der Boote, auf denen die Fischer von ihrem nächtlichen Fang heimkehren – eine Mühe oft ohne Lohn! Schaue einmal auf ihre zerschundenen, vernarbten Hände, die ein Leben lang ihre Existenz diesem Meer abgerungen haben.

Der Beruf des Fischers wurde auf den Ägäischen Inseln noch nie als ein Handwerk im üblichen Sinne angesehen. Für viele Einheimische bedarf es dazu fast einer philosophischen Einstellung, da sie als Inselbewohner schon immer von ihrem Meer im Guten wie im Bösen abhängig gewesen sind. Hört man den Männern zu, kann man manche über ihre Boote in der mitfühlenden und vertrauten Art reden hören, wie wir das mit unseren Haustieren tun ...

Ferien auf Karpathos sind Reisen ins Innere des Menschen, eine Seelenläuterung, an deren Ende man hofft, etwas von dem Frieden zu erfahren, den zu finden man ausgezogen war. Von dem Seelenfrieden des Herzens, dem Gefühl der Losgelöstheit, in dem es weder für schwermütige Selbstbefragungen noch für Grübeleien Raum gibt. Man muss nur bereit sein, die den Geist einengenden Mauern, die man von zu Hause mitgebracht hat, bröckeln zu lassen. Dann schafft Karpathos Klarheit, eine Klarheit in den Gedanken, die wertvolle Augenblicke der Selbstbesinnung schenkt.

Reisende, die behaupten, dass eine ägäisches Insel der anderen gleicht, da ja alle das gleiche Meer umspült, sollten sich einmal der karpathischen Abgeschiedenheit aussetzen. Dieses Eiland ist ein

Universum für sich, und jedes Dorf ist wiederum eine in sich geschlossene Welt. Wer seine Seele öffnet, kann vielleicht den Zauber der Insel verstehen.

Der Vormittag ist eine göttliche Tageszeit – noch ist es nicht zu heiß, um eine herrliche Wanderung zu unternehmen.

Wir packen eine Flasche Wasser, Oliven, Schafskäse und frisches Brot in den Rucksack, und schon geht es los.

Auf dem Weg liegt unsere Lieblingstaverne, in die wir noch schnell hineinschauen. Sie sieht einladend aus. Am Eingang wächst ein Aprikosenbäumchen, dessen orangene Früchte sich vom Grün der die Pergula umrankenden Weinreben abhebt – wahrlich ein kleines Paradies!

Schon jetzt duftet es aus den Töpfen und Pfannen in der Küche, da die Vorbereitungen für den Abend bereits in vollem Gang sind. Oma Sofia bereitet jeden Tag frische Gerichte zu. Heute wird es unter anderem Paputsakia, „Schühchen" – gefüllte Zuchini, geben, und wir freuen uns schon darauf.

Hier ist immer Zeit für ein kurzes Schwätzchen.

»Ti kanete«, wie geht es Euch? »Kasiste« – setzt Euch.

»Möchtet Ihr einen Kafedaki?« ...

Das ist griechische Gastfreundschaft, mit solcher Herzlichkeit gelebt, der man sich nicht entziehen kann...

Bienen fliegen summend umher, Blütenduft zieht die Hügel hinauf und über allem liegt das unablässige Zirpen der Zikaden. Der kahle Inselrücken lädt zum Wandern auf steinernen Eselspfaden ein, wie es schon die Menschen seit der Zeit der Dorer tun. Die Luft, die Felsen und der Himmel, die eigentlichen Elemente Griechenlands, leisten dabei Gesellschaft.

Bei einer Wanderung über die Insel hat man das Gefühl, sich auf ganz neue Art auf Erden fortzubewegen. Es ist ein Erlebnis, das bei jedem Mal inniger, lebendiger und verheißungsvoller wird. Diese Landschaft kann man tatsächlich würdevoll nennen, da sie mit ihrer außergewöhnlichen Vollkommenheit die Menschen verzaubert. Links und rechts des Weges flattern Schmetterlinge, getragen vom Flüstern des Windes, in allen Farben der Phantasie. Wer auf diesen Wegen wandert, ist auf Karpathos angekommen und – viel wichtiger – hat zu sich selbst gefunden. Hier wird sie befriedigt, die Sehnsucht nach dem Glück des Augenblickes – und es heißt ja, wo das Glück ist, ist das Paradies!

In der Hitze der Mittagszeit schließt sich die ganze Insel wie eine große Blume zu einem sorgfältig abgeschlossenen Raum. Es herrscht eine gewaltige Stille. Nur das Meer rauscht in gleichmäßigem Rhythmus um die Felsen, getragen vom Wind, der sich keinem Eiland in der Ägäis verbundener fühlt. Es ist eine Tageszeit, in der alles der Lautlosigkeit zu unterliegen scheint. Man kann diese Ruhe förmlich hören und durch sie Kraft tanken – am besten mit geschlossenen Augen, umgarnt von einem süßen Traum.

Wir machen Rast bei einem einsamen Kirchlein, und die Gedanken rosten langsam ein, bis sie in einem segensreichen Strom des Unbewußten untergehen, dem eine andere Form der Weisheit entspringt. Wir träumen vom klaren, reinen Licht, in dem die Inselfarben wie in ihrem ursprünglichen Zustand erscheinen.

Ein Kontrast aus Braun und Grün – windverkrüppelte Aleppokiefern, die in der rostfarbenen Erde stehen. Der gelbe Ginster, wild duftender, violetter Thymian, der silbern schimmernde Salbei, der rote Klatschmohn.

Das dunkle Grün der Pinien ist von einer unergründlichen Tiefe, das Meer schimmert, je nachdem von wo aus man es betrachtet, wie ein Türkis, Smaragd oder Lapislazuli. Selbst das Auge einer am Wegesrand stehenden Ziege scheint ein lebender Halbedelstein zu sein, mit einem Funkeln zwischen Bernstein und Arylid. Dominierend ist jedoch das Blau des Himmels, der Berge und des Meeres. Die Sonne lässt die Farben wie einen Fächer ausbreiten und betäubt die Sinne. Hier scheint eine Verschwörung im Gang zu sein, eine Verschwörung aus blauem Meer und Licht. So ein süßer Traum von Karpathos ist heilig und vertraut ...

Diese atemberaubende Landschaft bildet die lichtdurchflutete Kulisse für die eigene Sehnsucht. Hier kann man noch erleben, wie die Elemente der Natur scheinbar spielerisch miteinander verwoben sind.

Wer möchte, kann sein Inneres von diesem Licht betören lassen. Es ist viel mehr als nur Sonnenlicht, das die felsige Küste unter den heranrollenden Wellen berührt. Dieses Licht ist von übernatürlicher Beschaffenheit, etwas Heiliges, da es direkt in die Seele der Menschen dringt, diese erwärmt und das Herz öffnet, den Geist beruhigt und so die seelischen Wunden und Verletzungen aus der Heimat heilt.

Erschöpft aber glücklich kommen wir von unserer Wanderung in unser Feriendomizil zurück. Die Sonne wird bald hinter dem kleinen Hafen untergehen, einige Fledermäuse flattern bereits durch die Luft und freuen sich auf die Dämmerung. In Kürze werden wir uns auf den Weg in die geliebte Taverne machen.

Der Duft der leckeren Gerichte weht uns schon entgegen. Die Küche auf Karpathos ist elementar und so unverfälscht wie die Insel und ihre Einwohner. Sie kann ihre bäuerliche Tradition nicht verbergen. Neben den leckeren Fleisch- und Fischgerichten gibt es auch eine ganze Reihe vegetarischer Gerichte, Eintöpfe und Salate auf der Speisekarte der Einheimischen.

»Kalispera – schaut rein in die Töpfe und sucht euch etwas aus«. »Du magst doch Mousakas so gerne.« – Ich habe extra eine Portion für Dich aufgehoben. – Kali orexi!«

In der Kühle des Abends sitzen wir auf den „griechischen Marterstühlen" wie Könige auf einem Thron und speisen wie die Fürsten von einem üppig gedeckten Tisch. Wie schön, dass es solche Orte gibt, an denen wir diese köstliche Küche zusammen mit dem Rauschen des Meeres und dem Atem der Stille genießen können. Es ist jedoch nicht

nur der Ort, der dieses Paradies ausmacht, sondern es sind vor allem die Menschen und ihre Gastfreundschaft …

Der Gast ist auf Karpathos kein Fremder und nie hat er das Gefühl, hier nur geduldet zu sein. Immer erfährt man eine unbefangene Herzlichkeit und gelebte Gastfreundschaft, die mit Großzügigkeit verbunden ist.

Die Inselbewohner besitzen sie noch, die angeborene menschliche Güte, die an anderen Orten schon lange von der Zivilisation vergraben ist. Eigentlich sind sie in ihrem Wesen wie Kinder und ungestüme Abenteurer. Kinder, die Dir alles erzählen und die alles von Dir wissen wollen. Hier kann man sich noch ohne Worte verständigen, wie von selbst in eine redselige Liebenswürdigkeit geraten, die so echt griechisch ist.

Mit jedem Ferientag nähert man sich dem glückseligen Zustand, in dem das eigene und das Schicksal der Welt immer gleichgültiger wird.

Inzwischen bricht langsam die Nacht herein. Aposperiti, der Abendstern, zeigt sich als erster am schwarzen wolkenlosen Himmel. Nach und nach taucht dieses überwältigende ägäische Sternenzelt auf! Die Sterne blinken, als wollten sie geheime Zeichen geben.
»*Ist das der große Wagen?*«
»*Da die Milchstraße … schau mal, eine Sternschnuppe!*«
»*Schnell etwas wünschen!* « *… – … aber was soll man sich denn wünschen, wenn man schon hier ist?*
Der Vollmond, der die ganze Bucht in ein helles silbernes Licht taucht, ist inzwischen aufgegangen. Die Erde atmet unter dem Nachthimmel und die Olivenbäume zwängen ihre Wurzeln auf der Suche nach Wasser noch tiefer hinab – Kräuter und Gräser scheinen wie kristallisiert. Karpathos birgt die Essenz vieler Inselnächte, die man nicht mehr vergessen kan. Die Insel nistet sich in die Gedanken, in den Schlaf und in die Träume ein. Es gibt wohl keine andere

Gegend auf der Welt, in die man jederzeit so mühelos und glücklich hinübergleiten kann.

Wieder ist ein Tag vergangen. So ein Inseltag ist nicht mit unseren Uhren zu messen, er mag länger sein, vielleicht ist er auch kürzer, zumal dort, wo die alten Götter zu Hause sind und alles verwandeln, die Zeit, das Licht und den Wind.

Alles Negative ist längst von uns abgefallen, wir sind von unseren Fesseln befreit, unsere Probleme haben sich aufgelöst, kritische Gedanken haben ihre Berechtigung verloren. Wir staunen, mit welch überflüssigem Ballast wir uns noch vor Kurzem herumgeschlagen haben. Es tut so gut, ganz einfach und bescheiden zu sein…

Einfach und schlicht zu sein, das zu begreifen,
bedeutet reinste Glückseligkeit!
Eine Glückseligkeit – wie bei unseren *Gedanken an Karpathos!*

Die Nabelschnur

*Dieses abweisende, Furcht erregende, unsterbliche
Olympos hat uns ein für alle Mal gelehrt,
was alles auf diesen unberechenbaren Inseln,
dieser unberechenbaren Ägäis
tatsächlich passieren kann;
und wir müssen verdutzt erfahren,
wie wenig wir bisher davon gewusst haben.
Aber auch das ist Griechenland!*
Humbert Fink

Diese verdammte Nabelschnur ist 8650 Kilometer lang und sie darf niemals reißen – bis in alle Ewigkeit! Das wäre das Ende! Sie muss halten – nur das eine zählt!

Sie wollten alle nur noch weg aus dem nebelverhangenen windzerzausten Olympos, diesem gottverlassenen, wie ein Schwalbennest an einem Berg klebenden Dorf. Die bittere Not trieb die Menschen in die Welt hinaus, es war ein gewaltiger Exodus.

Bereits Ende des vorletzten Jahrhunderts arbeiteten die Männer aus Olympos als Tischler, Schreiner und Maurer in Kleinasien und Ägypten. Das regide Erbrecht machte Olympos zu einem Dorf der Auswanderer.

1915 ging ein junger Mann nach Baltimore. Warum gerade Baltimore? Er wusste es nicht. In einem Kaiki war er nach Athen gereist und von dort auf dem Zwischendeck eines Dampfschiffes zehn Tage über den Atlantik gefahren. Die Schiffe mit den Emigranten waren Barken der Hoffnungslosigkeit und der Verzweiflung – aber Hunderte folgten ihm …

Kaum waren einige Menschen aus dem Dorf in den Vereinigten Staaten angekommen, suchten sie einander, rückten enger zusammen und bildeten ein warmes Nest, um die ferne Heimat zu beweinen.

Dieses *Nest* trägt den Namen *Highlandtown* oder kurz *The Hill*. Es ist heute ein Stadtteil von Baltimore im Bundesstaat Maryland. Allein in diesem Viertel leben über 300 Familien, die ursprünglich aus Olympos stammen. Fast könnte man es als einen Außenposten des Bergdorfes bezeichnen.

Und über eine Nabelschnur, mitten in der Großstadt, hält dieses kleine Viertel Kontakt mit seiner tausende von Kilometern entfernten Mutter. Die tiefe Sehnsucht nach der Heimat lässt die Menschen dort mit ihr verbunden bleiben und nach deren Vorbild leben.

Auch in Baltimore tragen die Frauen ihre traditionelle Tracht, die jungen Männer spielen die überlieferte Musik. An Fest- und Feiertagen tanzen sie die einheimischen Tänze und Hochzeiten werden noch immer angebahnt. Fragt man sie nach ihrer Heimat, antworten die Menschen auch nach Jahrzehnten immer noch »Olympos«.

Jeden Sommer oder zu Ostern kommen sie zu Besuch auf die Insel. Wer das nicht realisieren kann, feiert in *Highlandtown*; traditionell wie zu Hause, mit gesegnetem Brot und den *Mantinaden* – und auch hier dauert das Osterfest fünf Tage.

Die *St. Nikolas Church* ist dann der Mittelpunkt des Geschehens. Auch hier gibt es am Ostersamstag um Mitternacht ein großes Gedränge um das Heilige Licht und nach der Auferstehung des Herrn ein gewaltiges Feuerwerk.

Und so tragen Generationen von Familien ihre Sprache, ihren Dialekt, ihre Kultur und ihre Erinnerung als kostbares Gut in sich, um nach den Traditionen von Olympos zu leben – zu jeder Zeit verbunden mit der geliebten Heimat, verbunden durch die *Nabelschnur*.

Sie arbeiten hier, immer strebsam, immer fleißig, oft erfolgreich – als Taxifaher, in der Immobilienbranche oder in der Gastronomie. Die Schecks aus Übersee ermöglichen für viele Zurückgebliebene erst das Überleben.

Gerät das verführerische Leben in der Fremde durch Drogen oder Glückspiel für Einzelne einmal außer Kontrolle, dann werden sie zu ihren Verwandten nach Olympos geschickt.

Die meisten Auswanderer kehren im Alter zurück, weil sie das geliebte Dorf, die Gemeinschaft, das Klima, die Sprache nie vergessen konnten. Die Erinnerung an die Heimat, ihre tiefe Verwurzelung und die brennende Liebe zu ihr, bestehend aus Glaube und Hoffnung, waren in der Fremde zu jeder Zeit ihre Motivation. Sie kehren zurück weil sie wissen, dass es in Olympos etwas Besseres und Wertvolleres als Dollarscheine gibt.

Sie kehren aber auch zurück, weil sie ihre Gebeine an einem angemessenen Ort begraben lassen möchten.

Taverne Karpathos
4712 Eastern Ave
Baltimore, MD 21224

Erwarten sie kein vornehmes oder elegantes Lokal – das Ambiente hier ist gleich Null.

Ich trete mit meiner Freundin Dena ein, wir sehen fünf Tische, an denen „Kettenrauchende" Männer sitzen, in der Ecke steht ein überdimensionaler Fernsehapparat, der lärmend Nachrichten in der Sprache des Sokrates plärrt.

Alle 20 Minuten überquert der Patriarch der orthodoxen *St. Nikolas Church,* die sich gegenüber befindet, die Straße und kommt zur Tür herein, um eine Zigarette zu rauchen oder einen Mokka zu trinken. Mit seiner langen grauen Kutte fegt er jedesmal den Fußboden. Bevor er wieder zur Kirche zurückläuft, ruft er *Kostas Papavasilis,* dem Besitzer des *Karpathos,* der sich in der Küche befindet, einige Worte zu.

»Was können Sie uns empfehlen«, fragt Dena, nachdem wir Platz genommen haben.

»Fisch« – sagt unsere Bedienung knapp, ohne zu zögern.

»Aber ich finde keinen Fisch auf der Speisekarte«, sage ich, nachdem ich diese und die handgeschriebe Tafel an der Wand studiert habe.

»Der steht nicht auf der Karte«, antwortet die Griechin.

Das erklärt natürlich alles!

»Aber woher sollen die Leute wissen, was sie bestellen sollen?« erwidere ich.

»Er weiß es«, sagt sie, achselzuckend in Richtung Küche blickend. »Wenn Stavros reinkommt, möchte er Barsch. Nick ißt Meerbrasse …«

Unser Essen kommt.

Mein Fisch (den Namen werde ich niemals lernen), sieht frisch und saftig aus.

»Bitte«, sagt unsere Bedienung. »Mögen sie ihn so zubereitet, wie die Jungs drüben am Tisch ihn essen? «

22

Sie bestreicht den Fisch mit Olivenöl, drückt fünf oder sechs Zitronenscheiben darüber aus und lässt mich probieren. Augenscheinlich haben die Jungs einen prima Geschmack.
 Derweil beobachte ich, wie einer der jungen Männer in der Ecke seinen Topf Bohnensuppe einer ähnlichen Behandlung unterzieht. Er bröckelt ein komplettes Stück Brot in die Suppe, um ihr den „letzten Touch" zu geben.

Nun kommt auch Denas Essen. Sie ist begeistert, das aromatische Fleisch löst sich wie von selbst von den Knochen.

Nun frage ich die Bedienung, ob das *Karpathos* auch Lamm anbietet. »Oh ja, natürlich«, sagt sie, »wir machen manchmal ein Wochenend-Spezial«. »Wie wird es denn zubereitet?«
»Oh, gegrillt, gebacken, gekocht. Kostas macht alles. Wir können Ihnen gerne eine Platte servieren – von jedem etwas!«

Ich fragte sie, wie das Menü heißt, das auf der Tafel an der Wand als einziges auf griechisch geschrieben steht. Was immer es sein mag, es wird für nur vier Dollar verkauft.
 »Lammdarm«, antwortet sie, und erklärt nüchtern: »Du kochst ihn, steckst eine komplette Zwiebel rein, drückst Zitronensaft darüber aus und dann musst du nur noch kauen und kauen ...«. Es muss Spaß machen, wenn Touristen das bestellen!

Dann verschwindet sie kurz hinter der Theke und kommt mit einem Tablett frisch geschnittener Wassermelone zurück.
 »Ein Gruß aus der Küche«, sagt sie. Wir bedanken uns ohne zu vergessen, den Gruß an Kostas in der Küche zu erwiedern.

Wir werden wieder kommen, um das Wochenend-Spezial oder gar den Lammdarm zu probieren. Die lockere Atmosphäre, der Qualm, der von den Stammtischen herüberzieht und der griechische Klang des Fernsehers haben uns das Gefühl gegeben, dass wir nicht mehr in Baltimore sind.
 Wir sind Gäste in einer griechischen Welt geworden und dürfen die Strömung im Fluss eines besonderen Lebens genießen.

Quelle: Baltimore CITY-PAPER

Steine im Sand

Agios Konstantinos, Agia Marina, Agia Kiriaki, Agia Anargiri, Agios Spiridonas, Agia Irini, Agios Ioanis, Agios Minas, Agia Sofia, Agios Loukas, Agios Georgios, Agia Barbara – wie Steine im Sand liegen unzählige Kapellen am Wegesrand, die lokalen Heiligen oder dem Schutzpatron einer Gemeinde geweiht sind.

Von der Ikone, dem Heiligenbild, gehen Strahlen der Kraft aus, die auf diese Weise die täglichen Geschicke der Inselbewohner beeinflussen und so die Bürde ihres Lebens erleichtern.

Der Glaube daran ist ein Tatsachenglaube und bietet eine konkrete Hilfe gegen die Widrigkeiten des Lebens, mit denen die Menschen konfrontiert sind. Aber nicht nur bei Gefahren oder Problemen des Lebens sucht man Schutz bei dem Patron, sondern auch im Glück – Schwüre, nicht nur die guten, sondern auch die schlechten, werden in seinem Namen geschlossen.

Für die Einheimischen ist das Beten zu „ihrer" Ikone bei aller Frömmigkeit aber auch eine Art Handel. Man spendet einen kleinen Betrag, entzündet eine Kerze, hängt ein *Tamata* an die *Ikonastase* der Kapelle und erwartet als Gegenleistung die Erfüllung eines Wunsches. Eine mögliche Verweigerung kommt eigentlich gar nicht in Frage.

Wenn etwas schief geht, schimpft der Gläubige seinen Heiligen auch schon einmal aus. Dabei fühlt er sich ihm so eng verbunden, dass er sich zuweilen sogar einen Scherz auf dessen Kosten erlaubt.

Der Schutzpatron ist ein Freund, fast ein Verbündeter für die Menschen, der sich lediglich durch eine Eigenschaft von seinen

anderen Freunden unterscheidet – er ist mit der einen Hand Gott und mit der anderen den Menschen verbunden.

Die Gebete werden also auf der Ebene „Mensch zu Mensch" geführt, und so steht die Ikone am Zusammenfluss der beiden Ströme des Menschlichen und des Unbekannten. Die Heiligen in ihren Kapellen haben also die nicht immer leichte Aufgabe, den breiten Fluss des täglichen Lebens in die richtige Richtung zu lenken.

In jedem Kirchlein brennt das ewige Licht. Es flackern Kerzen, und Frömmigkeit durchzieht die warme Luft. Die ehrwürdige Ikone, voll Schönheit und Blässe, schaut Dich gütig an. Sie ist bereit, Dich zu beschützen und manchmal sogar ein Wunder zu bewirken.

Vergiss, was sie Dir an Religion beigebracht haben. Vergiss Deinen Hochmut und Deine eingebildete Weisheit, Deine Überzeugung, dass man eine demütig vorgetragene Bitte an eine Gottheit nicht mehr nötig hat.

Atme die Spiritualität der unzähligen in diesem Raum gesprochenen Gebete ein. Hier finden sie statt, die Versprechen in der Stunde der größten Furcht und die aufrichtige Dankbarkeit nach der Erfüllung eines Herzenswunsches.

Die Süßküssende
*Die Liebe und Verehrung der Gottesmutter
ist die Seele der orthodoxen Frömmigkeit,
ihr Herz, das den ganzen Körper erwärmt und belebt.*

Zahlreiche Kapellen und Kirchen auf Karpathos sind *Maria*, der Mutter Gottes, geweiht, die in der orthodoxen Kirche geradezu abgöttisch verehrt wird. Ihre zentrale Stellung im Leben der Inselbewohner ist unübersehbar.

Die Gottesmutter beschützt mit ihrem Schutzmantel die Welt aller Griechen und ist vor allen anderen Heiligen die Fürsprecherin der Menschen vor Gott. Mit ihrer Verehrung verbindet sich eine besondere Innigkeit, deren Ausgangspunkt Marias Offenheit für Gottes Wort und Wirken ist.

Maria kümmert sich im Glauben der Menschen um deren tägliche Probleme, erfüllt kleine und große Wünsche und sorgt für die Rettung der Seelen.

Die Griechen haben sich für Maria unzählige Namen einfallen lassen. So wird sie *Theopokos* (Gottesgebärerin), *Aeiparthenos* (Immerjungfrau) oder einfach nur *Panagia* (Allerheilige) genannt. Außerdem gibt es noch Ehrentitel, wie zum Beispiel *die Begnadete*, *die Süßküssende* oder *die das Christuskind tragende*.

Auf Karpathos haben im orthodoxen Kirchenjahr neben den zahlreichen lokalen Kirchweihfesten natürlich auch die Feste zu Ehren *Marouklas* eine große Bedeutung.

2. Februar – Maria Reinigung
In der orthodoxen Kirche gehört dieses Fest zu den zwölf wichtigsten Festen des Kirchenjahres. Das Wetter, das an diesem Tage herrscht, soll nach dem Volksmund 40 Tage lang anhalten.

25. März – Maria Verkündung
Dieser Festtag erinnert an die Ankündigung der Geburt Jesu. Das Datum ergibt sich durch Rückrechnung ab dem Geburtsfest am 25. Dezember. Seit dem 6. Jahrhundert wird das Fest in der orthodoxen Ostkirche gefeiert. Der 25. März ist zugleich Nationalfeiertag. Dieser Tag ist ebenso dem Beginn der griechischen Revolution gegen die osmanische Herrschaft gewidmet.

2. Juli – Niederlegung des Kleides der Gottesmutter in Blachera
Um 450 fanden zwei Pilger in einem Dorf nahe Nazareth das Kleid Marias. Vor ihrer Entschlafung hat sie dieses Kleid einer Jungfrau geschenkt. Die Pilger brachten es nach Konstantinopel,

wo Patriarch *Gennadius* die Echtheit bezeugte und eine Kirche in Blachera nahe der Küste bauen ließ. In dieser Kirche wurde am 2. Juni 458 neben dem Kleid Marias auch ein Teil ihres Gürtels niedergelegt.

15. August – Maria Entschlafung

Maria Entschlafung ist nach Ostern der zweitwichtigste religiöse Feiertag in Griechenland und wird auch „Ostern im Sommer" genannt. Das Fest wird in jedem Ort auf Karpathos ausgiebig gefeiert. Viele Exilkarpathioten besuchen an diesem Tag die Insel, um es zusammen mit ihren Familien zu begehen. Die Kirche geht davon aus, dass Maria leiblich in den Himmel aufgenommen wurde. In der Ostkirche wird das Fest seit 431 gefeiert. Ende des 6. Jahrhunderts wurde es von *Kaiser Mauritius* als staatlicher Feiertag auf den 15. August gelegt und trug damals den Namen „Tag der Gottesgebärerin Maria".

8. September – Maria Geburt

Das Geburtsfest wird seit dem 5. Jahrhundert gefeiert. Nach einer der zahlreichen Marienlegenden soll das Datum einem frommen Mann als himmlischer Feiertag offenbart worden sein.

1. Oktober – Maria Schutz

Im frühen 5. Jahrhundert sah ein Mönch bei der Nachtwache in der Kirche von Blachera, wie Maria von Heiligen und Aposteln umgeben aus dem Himmel in die Kirche hinabstieg, um für die Gläubigen zu beten. Dabei hatte sie schützend ihren Schleier über diese ausgebreitet.

9. Dezember – unbefleckte Empfängnis Marias

In der orthodoxen Kirche wird der 9. Dezember seit mindestens dem 7. Jahrhundert als das Fest der *Empfängnis Marias* gefeiert. Dieses Datum wurde durch Rückrechnung aus dem Fest *Maria Geburt* am 8. September gewonnen.

Robinson Crusoe

Die Badestrände von *Pigadia, Apella, Amoopi, Kyra Panagia* oder *Lefkos* sind Ihnen zu überlaufen? Über 95 Prozent der ausländischen Badegäste halten sich an diesen Stränden auf, die zwar alle eine touristische Infrastruktur bieten, aber gerade in der Hauptsaison schon einmal überfüllt sein können.

Also, nichts wie weg – Karpathos bietet über 80 Strände, die gleichmäßig die ganze Küste entlang verteilt sind und die sich auf Ihren Besuch freuen! Suchen Sie sich Ihren eigenen heraus, an dem Sie garantiert ungestört einen Sonnentag auf der Insel genießen können. Die meisten Strände sind recht bequem mit einem PKW oder Motorroller zu erreichen.

Viele eignen sich auch als Ziel für kleinere oder größere romantische Wanderungen, die man zum Beispiel von Olympos oder Diafani aus machen kann.

Das Wasser an der kompletten Inselküste ist ausgesprochen sauber. Berücksichtigen Sie aber, dass nicht alle Strände regelmäßig gesäubert werden und dass besonders an der Westküste, bedingt durch die Strömungsverhältnisse, schon mal „Strandgut" angeschwemmt werden kann.

Im Schatten einer Tamariske, den Blick auf die Sichel der dünenhaften Mittagssee gerichtet, im Dämmerzustand zwischen Schlafen und Wachen, kommt man sich vor wie Robinson Crusoe.

Also, Badehose angezogen, Brot, Schafskäse, Oliven und Trinkwasser eingepackt und los geht es – Sie haben eine große Auswahl:

WESTKÜSTE
Nordspitze bis Lefkos
Tristomo
Vrougounda
Fises
Evonymos
Agia Irini
Makrigialos
Aliki
Samaki
Lare
Frisi

Lefkos
Perdikas Potami
Frangolimnionas
Panagias Limani
Gialou Chorafi
Potali

Lefkos bis Finiki
Iliondas
Adia
Proni
Fokia
Sikelaos
Agios Georgios
Kamarakia

Finiki bis Südspitze
Finiki
Arkassa
Agios Nikolaos
Trachanamos
Tsichiasmenaki
Agios Theodoros
Araki
Zografismeni Stefana Pounta
Merta
Vathis Potamos
Mylona Aviaki
Agrilaopotamos
Pounta
Psoraris
Michaliou Kipos
Miti
Mesa Elaris
Exo Elaris

OSTKÜSTE
Nordspitze bis Agios Nikolaos
Vananda
Kalamia
Papa Minas
Opsi
Fti
Forokli
Kapi
Nati
Agios Minas
Lala
Agnontia
Chai

Agios Nikolaos bis Achata
Agios Nikolaos
Agios Ioanis
Apella
Kyra Panagia
Kato Lakkos
Makris Gialos
Achata

Pigadia/Amoopi
Vrontis
Afotis
Ammos Xenona
Christou Potami
Pouliou Potami
Mikri Amoopi
Megalo Amoopi
Pera Amos
Agios Apostoli (Botsalakia)
Kastelia

Südspitze
Damatria
Foklia
Christou Pigadi
Prasonisi
Vatha
Limmi
Valias
Makris Gialos
Diakoftis

Forokli Beach

Wenn man an den Norden von Karpathos denkt, fallen einem Dörfer, die sich an Berge klammern, dorische Frauen oder verstaubte, endlos erscheinende Autopisten ein. Wer ahnt, dass es hier die einsamsten und schönsten Strände der Insel gibt? Zum Beispiel den *Forokli Beach*, den man von Olympos aus als Ziel einer schönen Wanderung auch gut zu Fuß erreichen kann.

Auf der Straße in Richtung Spoa führt der erste Weg links nach unten. Bald verlässt man die Piste und geht auf einem märchenhaften *Monopati* ungefähr 1¾ Stunden bergab.
  Der Weg führt an einem lauschigen Bachlauf entlang, den man mehrfach überquert und der sich bis zur Hälfte des Weges in einen kleinen, verträumten Wasserfall verwandelt, bevor er mit blühendem Oleander umsäumt wieder auftaucht.
  Weiter geht es an wilden Haferfeldern und duftender Minze vorbei, bevor der Wanderer, nun im Tal angekommen, von riesigen *Aloea-Vera-B*lüten begrüßt wird.
  Bald taucht der Strand auf, der aussieht, als wäre er gerade von der Schöpfung erschaffen worden: graue, flache Kieselsteine vor anthrazitfarbenen, aus Schieferplatten geschichteten Felsen, dahinter das türkisfarbene Wasser. Hier herrscht Frieden, Stille und Einsamkeit – wie am ersten Tag im Paradies.

Bei diesem Ausflug wird man außer ein paar Ziegen, die einen gelegentlich überholen mögen, garantiert Niemanden treffen.

Gigantisches

In der Mythologie der Griechen entstammte *Iapetros* dem alten Göttergeschlecht der Titanen.

Er war der Sohn der Erdmutter *Gaia* und des Himmelsvaters *Uranos*. Mit seiner Gattin *Khymene* zeugte er vier Söhne, die auf Karpathos zur Welt gekommen sind und zu den *Giganten* zählen.

Atlas, der Träger des Himmelszeltes, der überhebliche *Menoitios* sowie die Zwillinge *Prometheus* und *Epimetheus*, durch welche das Titanengeschlecht auch mit den Menschen verbunden ist.

Die Familie von *Iapetros* soll für das Aussehen der Insel verantwortlich sein. Sie stritten oft miteinander, bewarfen sich, im Kampfe nicht zimperlich, mit Felsen und sollen so die Insel aufgetürmt haben.

Auch bei *Homer* wird Karpathos als Sitz der Giganten genannt. *Ephialtes* und *Othos*, die Söhne des Meeresgottes *Poseidon*, sollen von der Insel aus versucht haben, den Götterhimmel zu stürmen, was aber kläglich scheiterte.

So ist die Trennung von Saria und Karpathos das Ergebnis eines Kampfes zwischen *Poseidon* und seinem Sohn *Ephialtes*. Der Meeresgott hatte sich über den Eroberungsversuch seines Sohnes geärgert, den nördlichen Teil der Insel abgerissen und diesen auf seinen Nachkommen geschleudert.

Ein Vasenbild der kaiserlichen Sammlung in Wien zeigt *Poseidon*, wie er *Ephialtes* mit dem Dreizack in den Grund bohrt und ein Stück Land (Saria) auf ihn herabwirft.

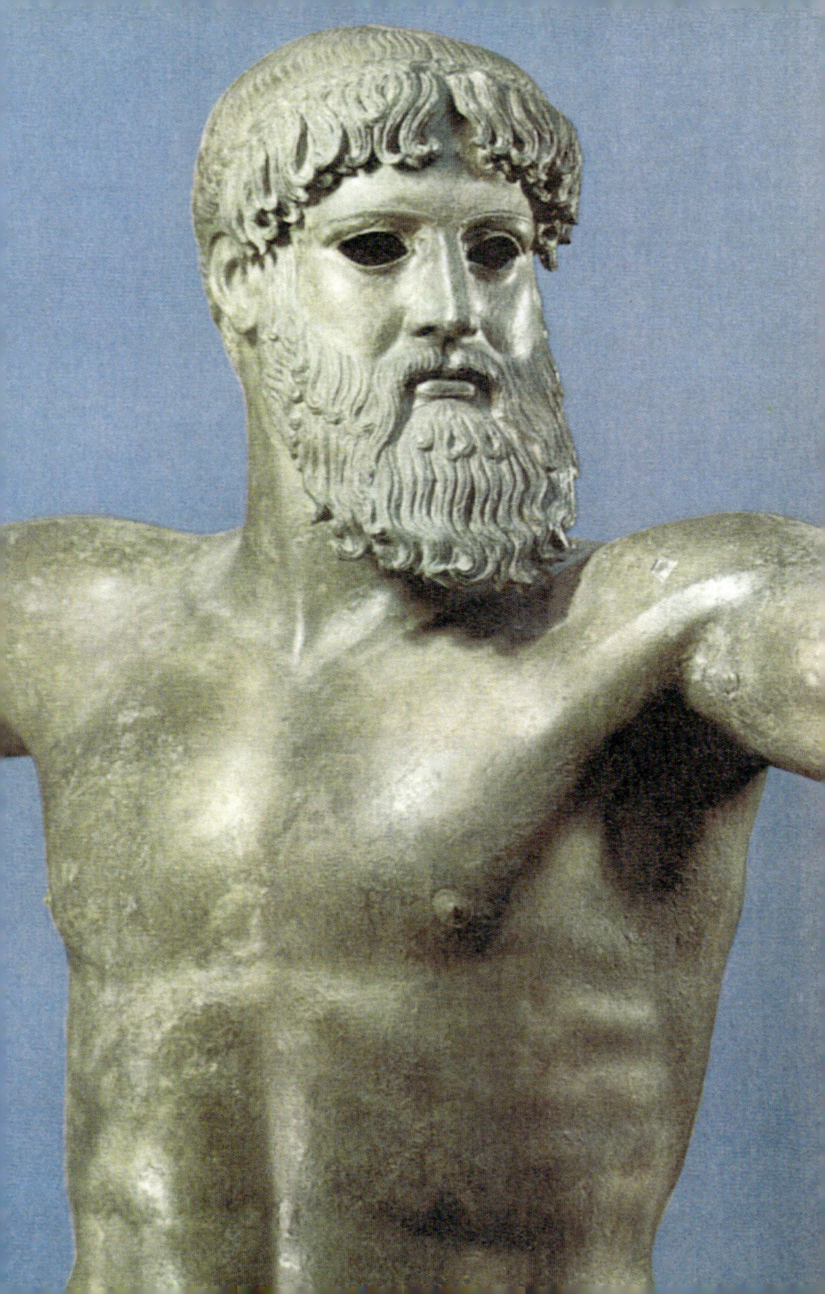

Zum Meeresgott Poseidon hatten die alten Karpathioten ein ganz besonderes Verhältnis. Einst gaben sie ihm zu Ehren der Inselhauptstadt den Namen *Posidonion*.

Archäologen haben am *Poseidon-Tempel,* der am *Stenos Sarias*, der Meerenge zwischen Saria und Karpathos lag, Opfergaben gefunden, die in das 6. vorchristliche Jahrhundert datiert wurden. Dort zelebrierten die Inselbewohner den Kult des *Poseidon Porthmios,* der ebenso in den Texten von *Ptolemaios* überliefert ist.

Dass die Karpathos nördlich vorgelagerte Insel Saria, die nur durch einen seichten schmalen Sund, dem Steno, abgetrennt ist, ursprünglich dazugehörte, beweist der Name *Ephialteion*, den ebenso nach *Ptolemaios* das nördliche Kap von Karpathos trug.

Bis weit in das erste Jahrtausend hinein waren *Vrykus* und *Nyssiros* für die *Dorer* wichtige Siedlungen im Norden von Karpathos. Die Menschen dort waren nicht nur Bauern oder Handwerker, es gab auch gebildete Leute. Einer von ihnen war der Arzt *Menokritos Metrodorus.* Der *Dorische Erlass*, eine mit einer Inschrift versehenen Gedenktafel aus Marmor, ehrt ihn in besonderer Weise.

Die Gedenktafel, die dem berühmten Sohn von Karpathos gewidmet ist, wurde in *Tristomo*, dem Hafen von *Vrykus* gefunden und ist heute im Britischen Museum in London ausgestellt.

Nissyros war noch in der Spätantike Bischofssitz. Die Stufen eines frühchristlichen Bischofsthrones und Reihen halbrunder, steinerner Priesterbänke sind mittlerweile im Sand versunken, aber noch gut zu erkennen.

Heute sind diese historischen Siedlungen von Menschen verlassen, aber mit etwas Phantasie kann man die Geschichte im Geiste wieder aufleben lassen, indem man sich bei einer einsamen Wanderung auf der kleinen Insel in die Tage lange vor unserer Zeit zurückversetzt …

Der Dorische Erlass
In Anbetracht, dass Menokritos,
der Sohn des Metrodorus aus Samos,
in seiner Stellung als Gemeindearzt sich
durch mehr als zwanzig Jahre
mit Eifer und Hingebung
der Behandlung der Kranken gewidmet
und sowohl in seinem ärztlichen Beruf als
in seinem sonstigen Leben makellos benommen habe,
dass er ferner bei einer Seuche,
welche in der Stadt ausbrach
und nicht bloß die Einwohner,
sondern auch die dort wohnenden Fremden
in große Gefahr brachte,
durch seine Aufopferung und Sparsamkeit
am meisten dazu beigetragen hat,
die öffentliche Gesundheit wieder herzustellen,
dass er endlich, anstatt Bezahlung zu fordern,
lieber in Dürftigkeit gelebt, viele Bürger
aus gefährlichen Krankheiten errettet,
ohne eine Belohnung dafür anzunehmen,
wie es recht und billig sei,
und niemals gezögert habe, die Kranken,
welche in der Umgebung der Stadt wohnten, zu besuchen,
das Volk von Brykontion beschlossen habe,
ihn zu beloben und mit einem
goldenen Kranze zu schmücken und diesen Beschluß
bei den Aeskulap-Spielen öffentlich verkünden zu lassen,
ihm ferner das Recht zu erteilen,
an allen Festen der Brykontier teil zu nehmen
und im Poseidontempel eine Marmorsäule zu errichten,
auf welcher dieser den Menokritos ehrende Volksbeschluss
eingeschrieben werden sollte.
3. Jahrhundert vor Christus

Die ersten Bewohner von Karpathos

Atlas Mit der Meeresnymphe *Plaione* zeugte *Atlas* die *Plejaden*. Zur Strafe für seine Beteiligung am Kampf der Titanen gegen die Götter musste er im Auftrag von *Zeus* nach deren Niederlage im Westen der Welt das Himmelsgewölbe tragen.

Ein Orakelspruch besagte, dass ein Sohn des *Zeus* kommen würde, um die goldenen Äpfel seiner Töchter zu stehlen. Als *Perseus* nach dem Kampf gegen die *Medusa* bei Atlas anlandete, erinnerte sich dieser an den Spruch und schickte *Perseus* fort. Dieser zeigte ihm erzürnt den Kopf der Medusa, woraufhin *Atlas* versteinerte.

Menoitios Mit *Menoitios* machte *Zeus* kurzen Prozess. Aufgrund eines Frevels wurde er mit einem Blitz kurzerhand in die Unterwelt geschleudert, aus der er nicht mehr zurückkehrte.

Prometheus *Prometheus* erschuf aus dem Ton der Erde die Menschen. Bei einem Vergleich zwischen *Zeus* und den Sterblichen, bei dem *Prometheus* die Position der Menschen einnahm, versuchte er bei der Aufteilung eines Opferstieres *Zeus* zu betrügen. Dieser durchschaute das Spiel und versagte *Prometheus* erzürnt, den Menschen das für ihre Zivilisation wichtige Feuer zu schenken. *Prometheus* aber stahl das Feuer trotzdem und und gab es den Menschen.

Daraufhin wurde von *Hephaistos* die Frauengestalt *Pandora* geschaffen, die mit ihrer Büchse alle Übel über die Menschheit brachte.

Zeus ließ *Prometheus* an den Kaukasus schmieden und sandte täglich einen Adler aus, der an *Prometheus'* Leber fraß, die sich aber immer wieder erneuerte. *Prometheus* blieb angeschmiedet bis *Herakles* kam und den Adler tötete. Von nun an musste er „nur noch" einen eisernen Ring, an dem ein großer Stein befestigt war, um den Hals tragen und damit um das Gebirge herumlaufen.

Epimetheus *Epimetheus* fiel auf die von Zeus gesandte Jungfrau *Pandora* herein und nahm sie sogar zur Frau.

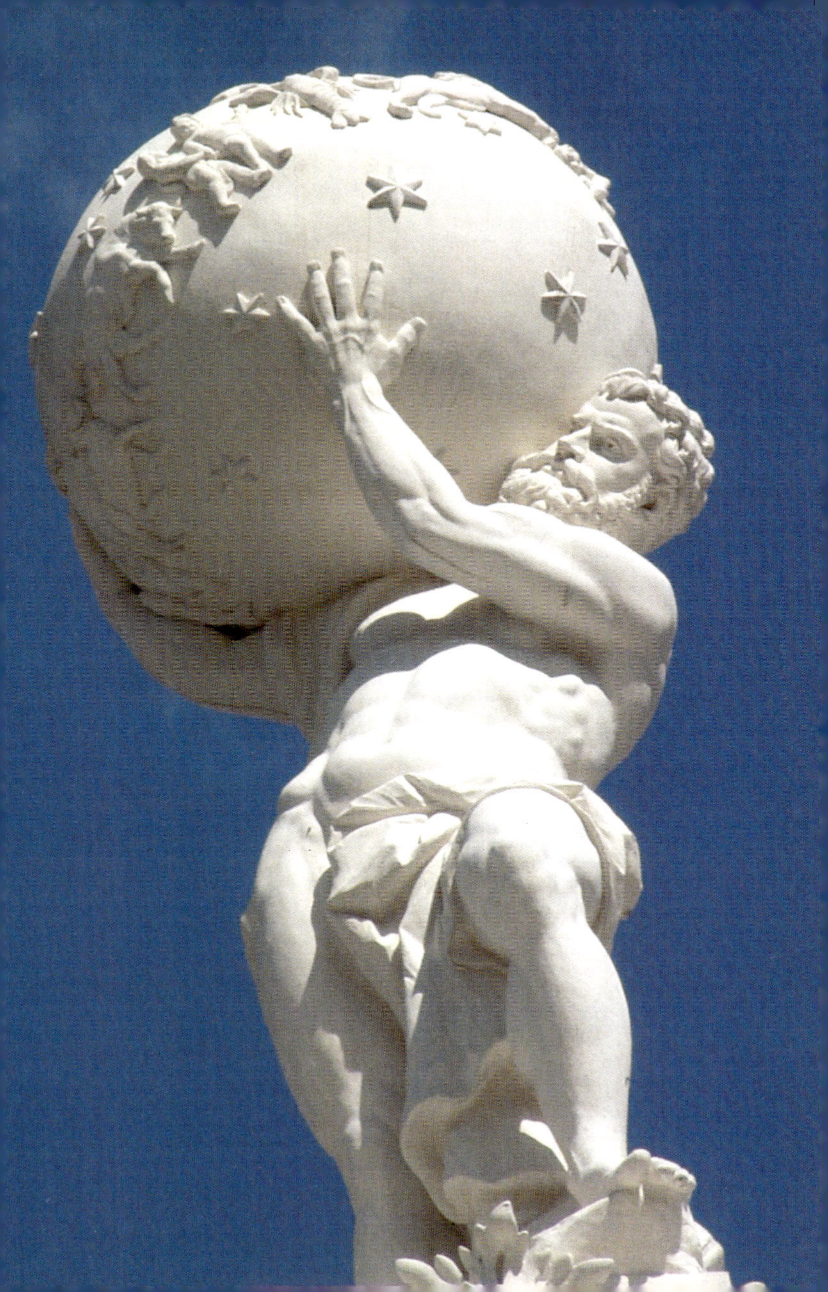

Urgestein

Die *Litos-Dynastie* lebt bereits seit fünf Generationen in der Bucht von Lefkos und war seit jeher eng mit dem Meer verbunden. Bereits der Großvater (geb. um 1890) von *Constantinos*, dem Oberhaupt der Familie, der die Taverne *Captains Home* am Hafen betreibt, fuhr Anfang des letzten Jahrhunderts auf griechichen Handelsschiffen zur See.

Sein Vater *Minas*, der 1917 ebenfalls in Lefkos zur Welt kam, war ein weit über die Insel hinaus bekannter Schiffsbauer, der bereits als 12-jähriger Junge in der Bucht sein erstes *Kaiki* zimmerte. Es sollte der Bau acht weiterer großer Schiffe folgen, darunter ein 30 Meter langes und 120 Tonnen schweres Boot. Das Holz für den Rumpf der Schiffe haben seinerzeit zwei Männer mit Haken aus den Wäldern der nahen Berge gezogen.

Kurz bevor der Vater im Alter von 52 Jahren verstarb, hat er die Geschicke der Familie in die Hände seiner beiden ältesten Söhne *Constantinos* und *Jannis* gelegt, die zu dieser Zeit noch zur See fuhren (Jannis hat es dabei bis zum Kapitän gebracht), aber einige Jahre darauf in Lefkos eine Taverne eröffneten, die anfangs keinen Namen hatte, später jedoch *Fisherman's House* heißen sollte.

Sie folgten damit dem Beispiel ihres Onkels *Georgios* und dessen Frau *Kaliopi*, die bereits seit 1962 Betten in der Region vermieteten und ab 1968 die erste kleine Taverne am idyllischen Hafen im damals sonst unbebauten Lefkos betrieben.

Bis 1983, nachdem Bagger für den Flughafenausbau auf der Insel waren und der erste, kleinere „Bauboom" folgte, herrschte in der idyllischen Bucht eine urige „Kabidlampenidylle", es gab keine Elektrizität, kein Radio, kein Fernsehen — eine ursprüngliche Form der Geselligkeit, wie sie griechischer nicht sein konnte. Man saß unter *Tamarisken*, die überall direkt am Wasser standen

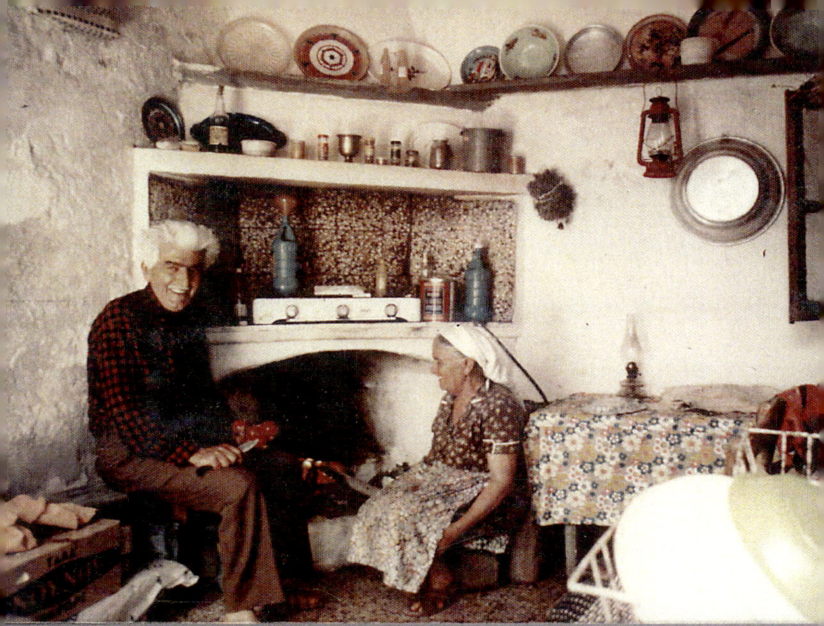

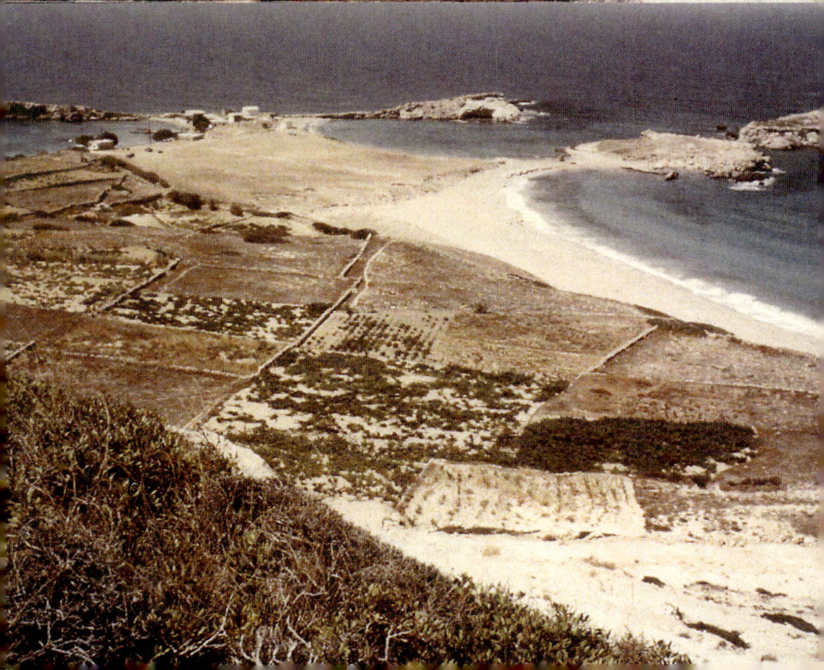

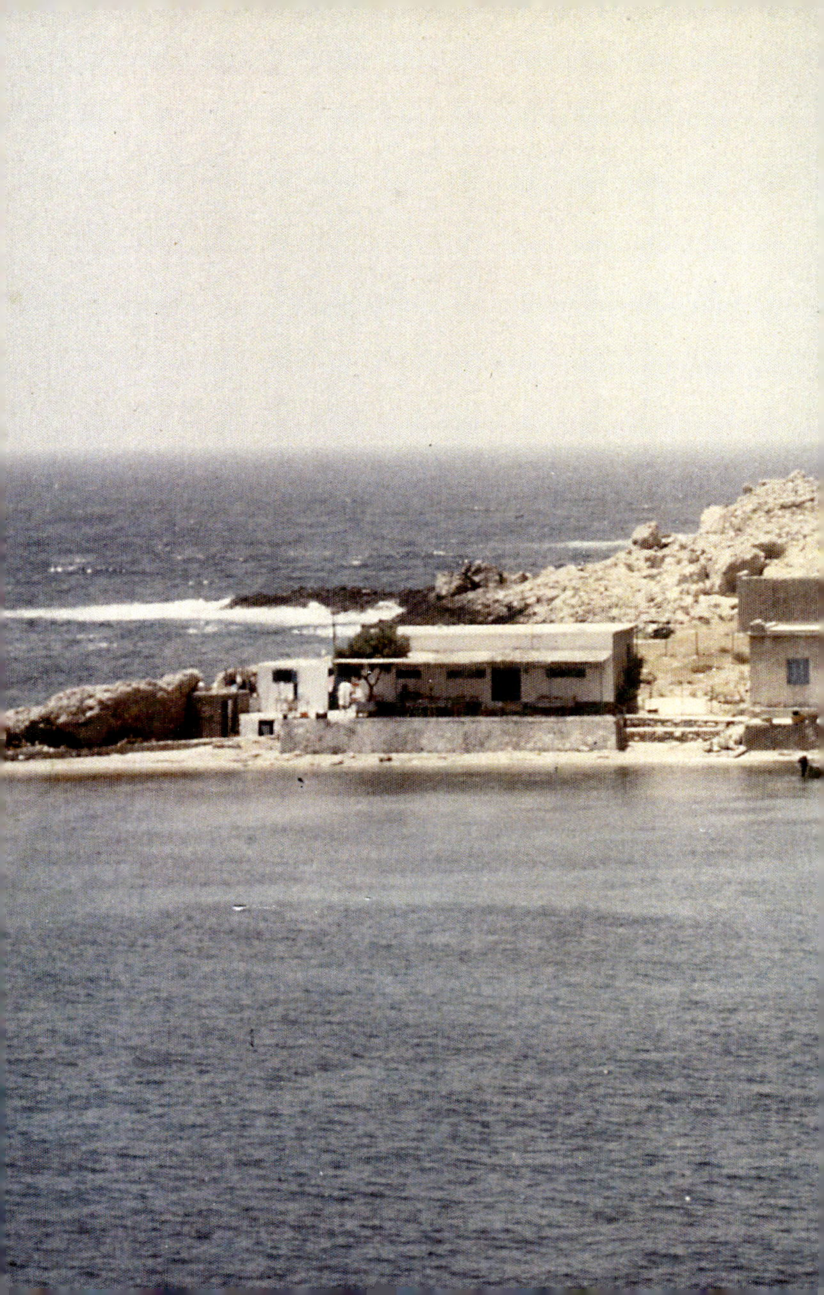

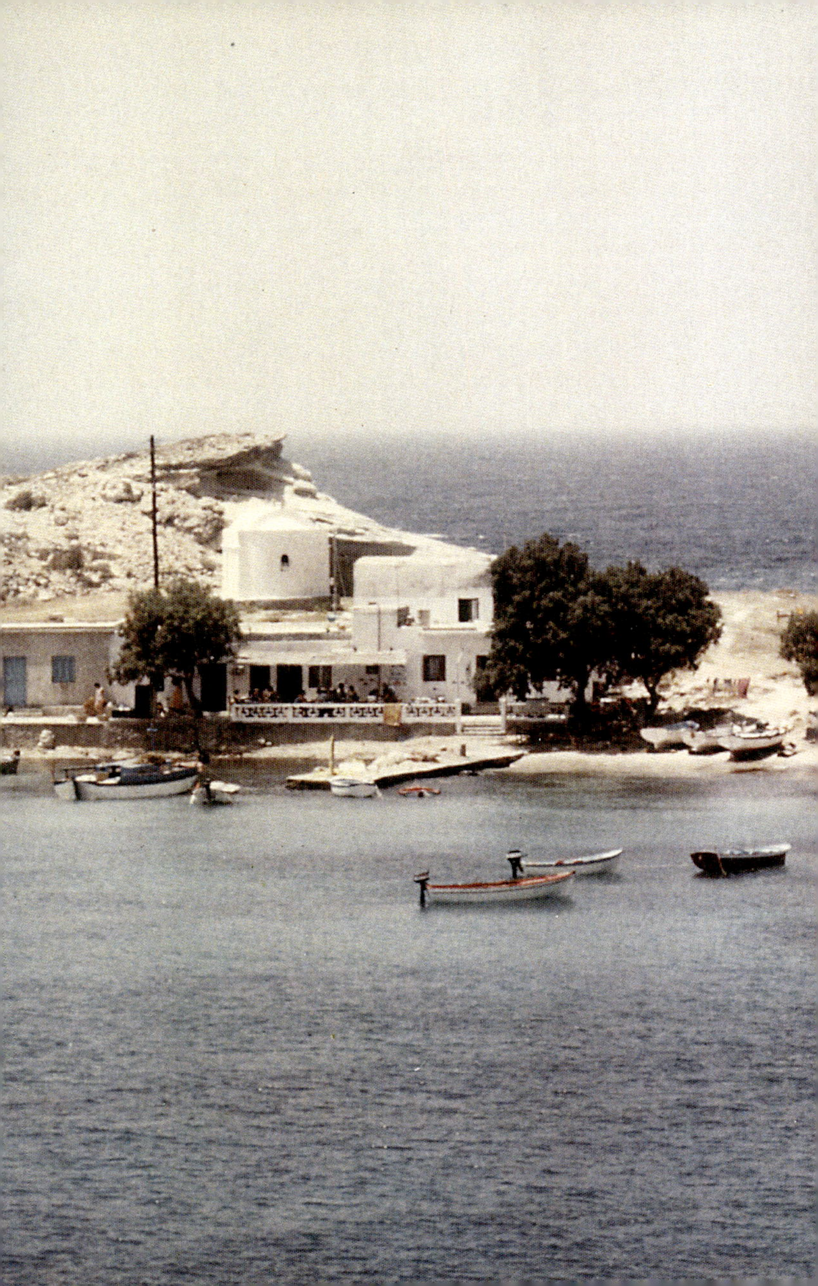

und schaute den Fischern beim Flicken der Netze und den vor sich hin dümpelnden Booten zu. Am Abend wurden gemeinsam mit der Familie von Constantinos, der es übrigens in jungen Jahren optisch leicht mit Jean Paul Belmondo aufnehmen konnte, die frisch gefangenen Meeresfrüchte oder ein gegrilltes Zicklein verspeist. Dazu trank man köstlichen Retsinawein aus eigenem Anbau und das von den Frauen der unzertrennlichen Brüder gebackene schmackhafte Inselbrot. „Abschalten pur" — das waren die Momente, von denen man in einem langen Winter zu Hause träumen konnte …

Constantinos hat nach eigener Aussage alle Ecken auf der Welt gesehen, aber der Platz, den er am meisten liebt, ist bis heute sein Lefkos geblieben. Selbst im regnerischen und stürmischen Winter verlässt der charismatische Mann diesen Ort nicht. Das rauhe Wetter und die Einsamkeit inspirieren ihn beim Schreiben seiner gefühlvollen Gedichte und beim Spiel auf der Geige, die er an melancholischen Abenden nur für sich alleine spielt.

Seit einigen Jahren bieten „Dinos" und seine Frau Maria 14 inseltypische hübsche Zimmer in den Studios *Gliko Oniro* (süßer Traum) an. Vom Balkon der Zimmer kann man einen wunderschönen Blick auf den Hafen genießen.

Die Taverne, die seit dem Tod des Bruders Jannis 2009 in *Captains Home* unbenannt wurde, ist längst ein Familienbetrieb, in dem alle die zum Litos-Clan gehören Hand anlegen.

Die angebotenen Fische sind fangfrisch, alle karpathiotischen Speisen werden mit frischen Zutaten aus eigener Produktion, in selbst erzeugtem Olivenöl gegart und sind so elementar wie Constantinos selbst, der wahrscheinlich mehr als alle anderen mit diesem „seinem" Lefkos verbunden ist.

Die Fotos zeigen: Seite 42, 47 or, 49 Constantinos Litos; Seite 43 Georgios und Kaliopi Litos; Seite 47 ol Maria Litos (die Frau von Constantinos); darunter Jannis Litos und seine Frau Maria, Seite 47 ul Jannis und seine Kinder, ur Jannis beim Grillen.

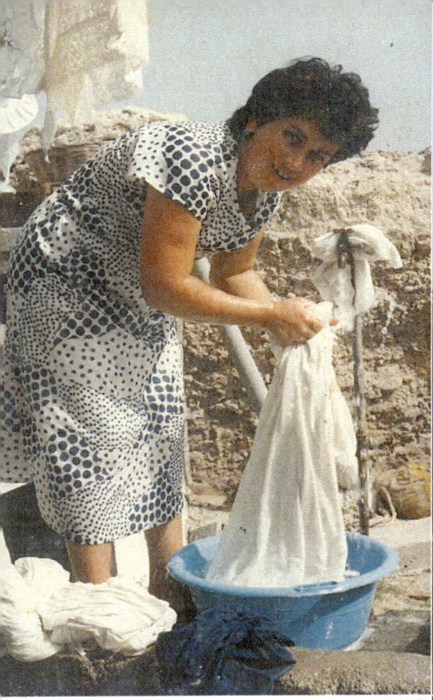
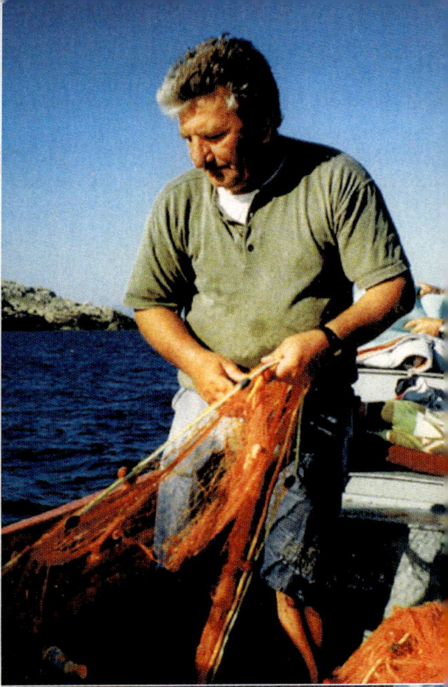
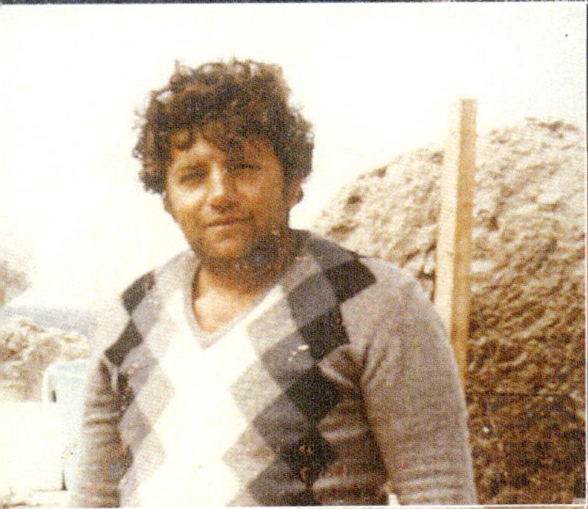
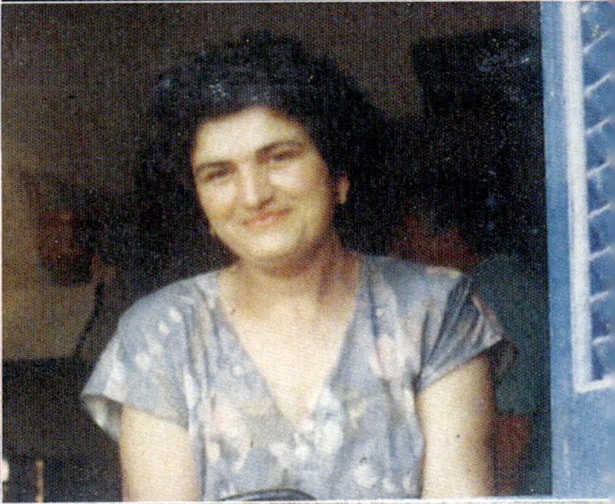
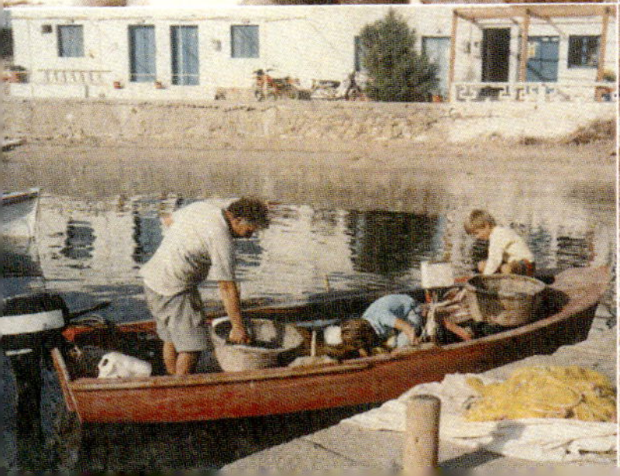
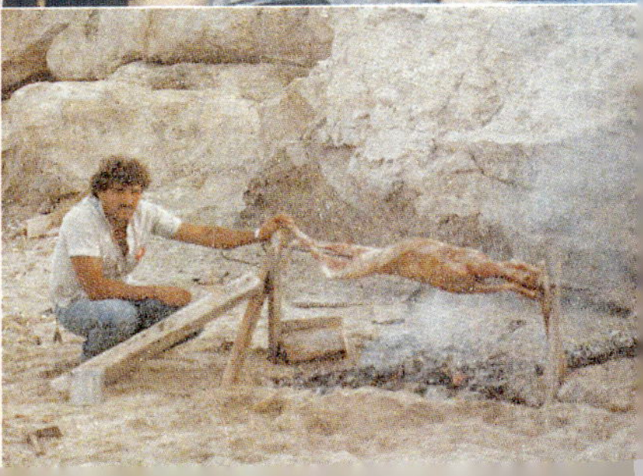

Außer Atem

Dir folg' ich zu den Stränden, in die Wälder, zu den Sternen
im frischen Morgengrauen, am glühend heißen Nachmittag.

Ach, Augenblick, ich sehe Dich wie eine Säule Rauch
von Winden mitgerissen ins Chaos des Himmels.

Dir folg' ich auf den Wellen, an Küsten, schaumgebadet
zum Grund des Meeres, zu schillernden Korallen.

Ach, Augenblick, Dir rühr' ich am Busen
sanft berauschende Quelle, ergieß Dich über mich.

Dir folg' ich in die Wolken und in den Blütenkelch hinein.
Tausendmal erfuhr ich Deinen Duft, und immer noch begehr ich Dich.

Ach, Augenblick, ich greife in Dein blondes Haar
doch Du entkommst, ich stehe mit leeren Händen da.

Ich folg' Dir in die Einsamkeit, zum Echo, das erschrickt.
Dir folg' ich in das Naß der Rebe, zur Stunde, da's zum Weine reift.

Ach, Augenblick, ich sehe Dich als süßen Traum,
als Regentropfen, der mit dem Wasser sich vereint.

Constantinos Minas Litos, Lefkos/Karpathos

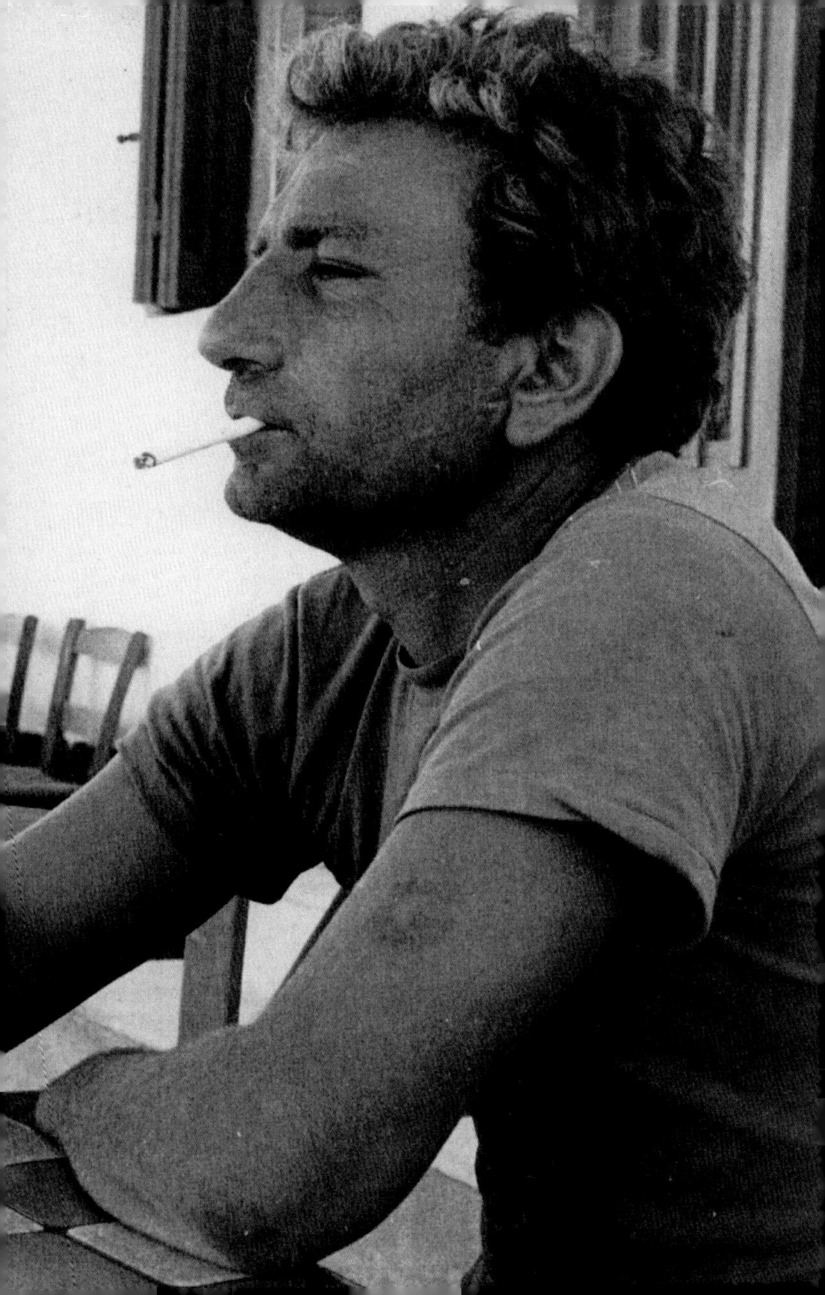

Alles Theater

*Montag, 12. Juli um 21:00 Uhr:
Schatten-Theater „Karagiosis als Kapitän",
im Kommunalen Amphitheater in Pigadia.*

Griechenland ist der Geburtsort des attischen Theaters, aus dem sich alle Theaterformen wie Drama, Tragödie und Komödie entwickelt haben. Stücke wie *Die Orestie, Antigone, Lysistrata* – wer kennt sie nicht – bilden ein Fundament der europäischen Kultur und sind bis in die heutige Zeit aktuell geblieben.

Eine weitere, weniger bekannte Theaterform ist *Karagiosis*, das griechische Schattentheater, das Anfang des 19. Jahrhunderts entstanden ist.

Karagiosis war lange Zeit das Theater des „kleinen Mannes", das dessen alltägliche Sorgen und Nöte wie Hunger, Armut, Arbeitslosigkeit auf zum Teil satirische Weise abbildete.

Die Schattenspieler, die mit ihrem Wandertheater von Insel zu Insel und dort von Ort zu Ort zogen, brachten die neuesten Nachrichten mit und waren so vielerorts auch die „Tageszeitung" für die Männer im Kafenion. Die Blütezeit des *Karagiosis* war von 1875 bis 1925.

In der heutigen Zeit richtet sich die Handlung des Schattentheaters eher an Kinder. *Karagiosis,* der Protagonist, beginnt das Stück mit einem Lied, wobei auch das Thema der Aufführung bekannt gegeben wird. Meist geht es hierbei um eine Aufgabe, die von ihm gelöst oder einen Auftrag, der von *Karagiosis* (der dabei immer Scherze auf Lager hat) erledigt werden muss.

Nach einigen Verwirrungen, bei denen sein Freund *Hatziavatis* und sein Onkel *Barjajorgos* auch eine Rolle spielen, geht das Ganze natürlich positiv für ihn aus und Karagiosis steht als Sieger da.

In der Schlussszene wird *Karagiosis* meist noch von seinem Onkel für begangene Schandtaten bestraft, aber schließlich vertragen sich alle und die Aufführung endet in einem gemeinschaftlichen Tanz, dem *Kalamatianos.*

Die Figuren wurden früher aus Leder handgefertigt. Nun werden sie aus einer Spezialpappe gestanzt, die von hinten mit buntem Stoff oder Papier bespannt und mit Gelenken verbunden sind.

Die meisten Aufführungen finden bei Festveranstaltungen statt, so zum Beispiel jeden Sommer im Amphitheater in Pigadia.

Das nicht nur bei Kindern beliebte Schattenspiel ist immer noch voller Aktualität und stellt auf humorvolle Weise die Eigenarten der Insel dar, auf der es gerade zu Gast ist. Eine *Kartagiosis*-Aufführung ist ein Stück griechische Kultur, das man sich nicht entgehen lassen sollte.

Die göttliche Frucht

*Es blüht ein herrlicher Baum in unserem dorischen Land,
unsere süße, silberne Amme, die Olive.
Selbst erzeugt und unsterblich, ohne Furcht vor Feinden
trotzt ihre zeitlose Stärke Übeltätern alt und jung,
denn Zeus und Athena wachen über sie mit nimmermüden Augen.*
Sophokles, Ödipus auf Kolonos

Der wichtigste Fruchtbaum der Insel ist die Olive. Die auf Karpathos am häufigsten verbreitete Sorte ist die *Koroneiki*-Olive, die ursprünglich von Kreta stammt. Diese sehr kleinen Oliven erinnern an die Urolive, aus der alle Sorten gezüchtet wurden. Der fruchtig herbe Geschmack ihres Öls verleiht den mediterranen Gerichten eine deftige Note.

Im November eines jeden Jahres beginnt auf der Insel die drei- bis vierwöchige Olivenernte. Wenn es im späten Oktober noch einmal kräftig geregnet hat, freuen sich die Einwohner, da dann die Oliven an den Bäumen vor der Ernte noch einmal gesäubert werden. Das erleichtert die Arbeit sehr.

Da auf Karpathos fast jeder Olivenbäume besitzt, oder aber Freunden oder Verwandten, die jede freie Hand bei der anstrengenden Arbeit gebrauchen können, als Erntehelfer zur Verfügung steht, ist zur Erntezeit praktisch die ganze Insel in Bewegung.

Die Früchte werden mit langen Holzstangen von den Bäumen geschlagen. Um die Oliven nicht zu beschädigen, schlägt man mit

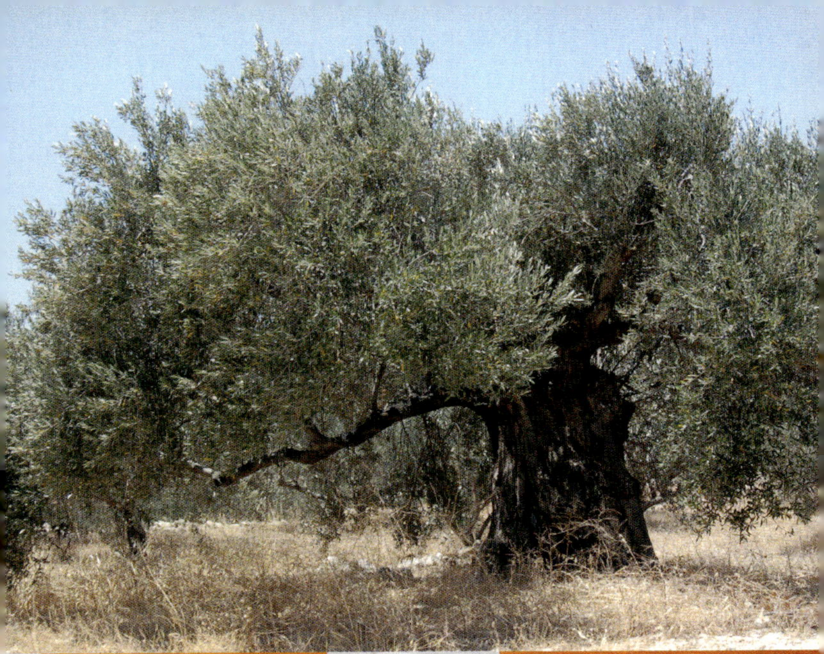

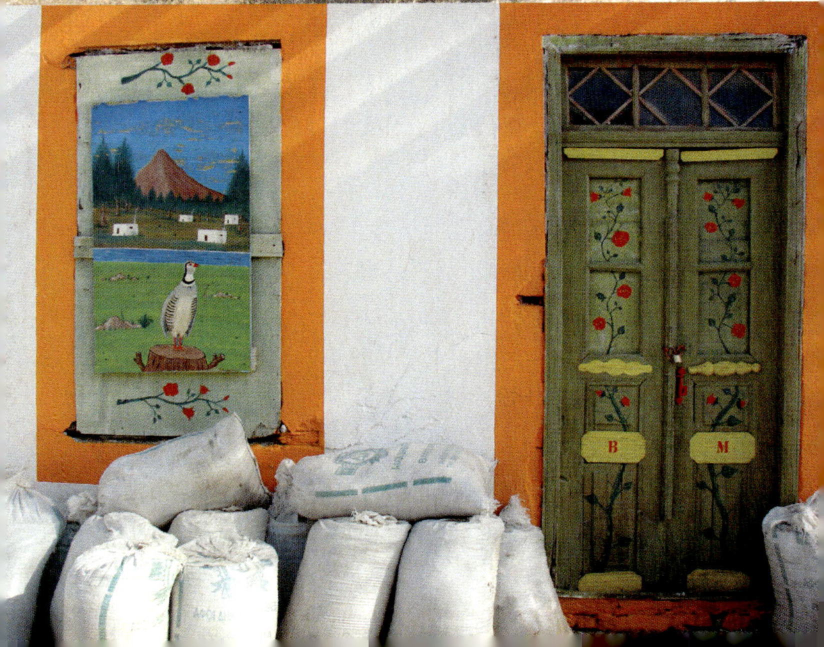
B
M

einem Stock auf die Äste des Baumes. Durch die Erschütterung fallen die Früchte herab und landen auf ausgelegten Planen oder feinmaschigen Netzen, die vorher um den Baum herum ausgelegt wurden. Bei kleineren Bäumen erzielt man durch kräftiges Schütteln das gleiche Ergebnis.

Ein Teil der schwarzen, grünen oder rötlich-violetten Früchte werden in Salzlake eingelegt und in Tonkrügen aufbewahrt. Diese Tafeloliven sind für den Verzehr gedacht, der größte Teil aber wird zu Olivenöl gepresst.

Um ein hochwertiges Speiseöl zu erzielen, müssen die Oliven möglichst sofort gepresst werden, da die Früchte in den Säcken zu gären beginnen. Die Oliven werden behutsam und nur ein einziges mal (*virgin oil*) gepresst. Dadurch behält das Öl seinen spezifischen herben Geschmack und die typische dunkelgrüne Färbung, auf die die Inselbewohner so stolz sind.

Die Zweitpressung wird für die Produktion von Salben, eine dritte Pressung als Brennmaterial für Öllampen verwendet.

Früher gab es auf Karpathos in fast jedem Dorf eine Olivenpresse. Heutzutage arbeiten auf der Insel noch drei Holzpressen. Zwei stehen in Piles und eine in Aperi. In Mesohori (gleich oben am Parkplatz) steht eine der modernsten vollautomatischen Olivenölpressen Griechenlands, die zur Erntezeit zwei Arbeiter beschäftigt. Auch sie ist, wie die anderen drei in Besitz der orthodoxen Kirche. Die Kirche erhält für die Bereitstellung 12 Prozent des Ertrags. In guten Erntejahren werden bis zu 80 000 Liter Olivenöl allein in Mesohori erzeugt.

Trotzdem kann die Ölproduktion auf Karpathos den Eigenbedarf der Inselbewohner nicht in jedem Jahr decken. Der Pro-Kopf-Verbrauch liegt bei geschätzten 20 bis 30 Litern/Jahr (das ist ein „guter" halber Liter pro Woche!) Das fehlende Öl wird hauptsächlich von Kreta oder Rhodos eingeführt.

Die griechische Küche kennt eine große Zahl an Gerichten, die mit Olivenöl zubereitet werden. Diese werden *Ladera* (λάδι = Öl) genannt.

Für diese im ganzen Land außerordentlich beliebten Mahlzeiten werden Bohnen, Okra, Paprika, Zucchini, Auberginen und Artischocken mit viel Speiseöl und natürlichen Gewürzen zubereitet, was einen Teil des hohen Ölverbrauchs erklärt.

Besonders ältere Menschen auf der Insel setzen das „flüssige Gold" als Medizin ein und schwören darauf, dass sie ihr hohes Alter dem „Mokkatässchen" Olivenöl verdanken, dass sie allmorgendlich trinken.

Die Pflege der Olivenbäume ist eigentlich einfach und wird durch die Jahreszeiten geregelt. Im Winter, spätestens aber vor der Blüte im April, müssen die Bäume beschnitten werden, da sie zu dieser Zeit noch wenig Saft haben.

Die abgetrennten Äste des Ölbaumes werden in den kalten Monaten zum Heizen und das restliche Jahr über als Brennholz für die Backöfen benutzt. Stärkere Äste finden als Baumaterial, unter anderem für die Dachkonstruktionen der Wohnhäuser (als Querbalken) Einsatz.

Im Frühjahr, wenn die kräftigen Regenfälle vorüber sind und um die Stämme *Leguminosen*, das sind Kräuter, die den Boden mit Stickstoff anreichern, hochgeschossen sind, wird der Boden mit einer Hacke aufgelockert. Den Sommer über kann man die Bäume sich selbst überlassen.

Olivenbäume könen bis zu 100 Jahre alt werden. Manchen Bäumen haben die Eigentümer Namen gegeben. Sie gehören praktisch zur Familie, da man weiß, wann und durch welchen Vorfahren sie gepflanzt wurden.

Wundern Sie sich also nicht, wenn Sie Einheimische sehen, die im Vorbeigehen einen Olivenbaum grüßen ...

Majiritza

Majiritza ist die traditionelle Ostersuppe, die in der Nacht von Ostersamstag auf Ostersonntag überall auf der Insel gegessen wird und deren Inkredenzien für mitteleuropäische Zungen eher an ein „Höllenmahl" erinnern. Hauptzutaten sind die Innereien des Osterzickleins. Dessen verschlungener Darm soll an die Irrwege eines Labyrinths erinnern, aus dem Jesus Christus die Menschheit auf den richtigen Weg geführt hat.

Zutaten und Zubereitung: *Innereien (Nieren, Leber, Pansen, Darm) vom Zicklein, ½ kg feingeschnittene Zwiebeln, ½ Tasse Butter, ½ Tasse Reis, 1 Bund fein geschnittenen Dill, 0,2 l Weißwein, 1 l Wasser, 2 Zitronen, 3 Eigelb, 1 EL Mehl, 1 EL Salz, Pfeffer*

Die Leber gut waschen, kurz blanchieren, abtropfen lassen und in kleine Stücke schneiden. Kutteln/Nieren/Darm waschen, mit Salz und Essig einreiben, gut abspülen, ebenfalls blanchieren, zerkleinern.

Butter erhitzen und darin die fein geschnittene Zwiebel andünsten. Innereien, Dill, Salz/Pfeffer hinzufügen und weiterdünsten lassen, mit Mehl bestreuen. Mit dem Wein ablöschen, Wasser zugeben, eine gute Stunde köcheln lassen. Reis hinzufügen und weiterköcheln lassen. Vom Feuer nehmen, Ei-Zitronensauce einrühren und unbedingt heiß servieren – καλή όρεξη.

Ei-Zitronensauce: Eiweiß schlagen, dann das Eigelb, nach und nach den Zitronensaft und zum Schluß 1-2 Kellen Brühe aus dem Topf dazugeben.

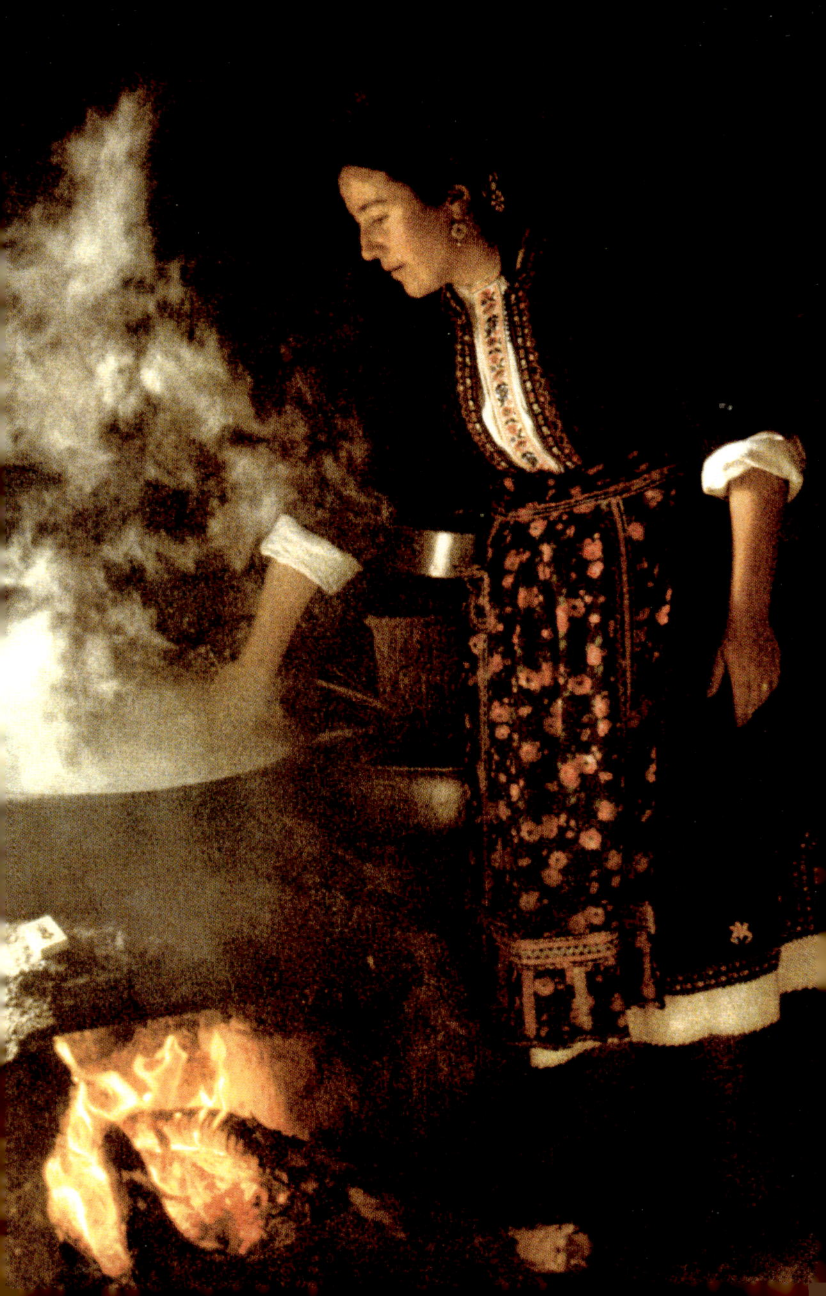

Logenplatz

Nachdem der Wanderer in *Mesohori* die engen Gassen passiert hat und die Steinstufen hinuntergegangen ist, kommt er auf die *Platia Skopi,* einem exponierten Felsenplatz, der früher als Beobachtungspunkt genutzt wurde, um die Einwohner vor herannahenden Piraten zu warnen. Noch immer lädt der Platz zu einem wunderbaren Blick über das *Karpathische Meer* und die immergrünen Gärten des Ortes ein.

Mitten auf dem Platz befindet sich ein sehenswertes Mosaik aus Meereskieseln. Am nördlichen Ende stehen die Kapellen *Agios Stavros* (1700) und *Agios Nikolaos* (1764), die direkt aneinander gebaut sind. Wie das links am Platz stehende Kreuzkuppelkirchlein *Archangelos Michali,* das dem Erzengel Michael geweiht ist und an deren Wänden gut erhaltene Fresken aus dem 19. Jahrhundert hängen, sind die beiden Kirchen für ihre wertvollen Ikonostasen bekannt.

Auf keinen Fall sollte man es versäumen, dem pitoresken *Kafe Skopi,* dem Kommunikationszentrum der Inselmitte, einen Besuch abzustatten. Bei *Manolis Nouarakis,* dem geselligen Wirt, der sich unter anderem sehr für den Umweltschutz auf Karpathos einsetzt, kann man bei ungezwungener Gastfreundschaft die Inselneuigkeiten und die anstehende Wetterlage erfahren oder einfach nur die Seele baumeln lassen. Das Kafe hat eine nach Westen ausgerichtete Terrasse und ist für seine „Logenplätze" bekannt, auf denen man zum Tagesausklang bei einem *Kafedaki* oder einem Glas Wein die legendären Sonnenuntergänge genießen kann.

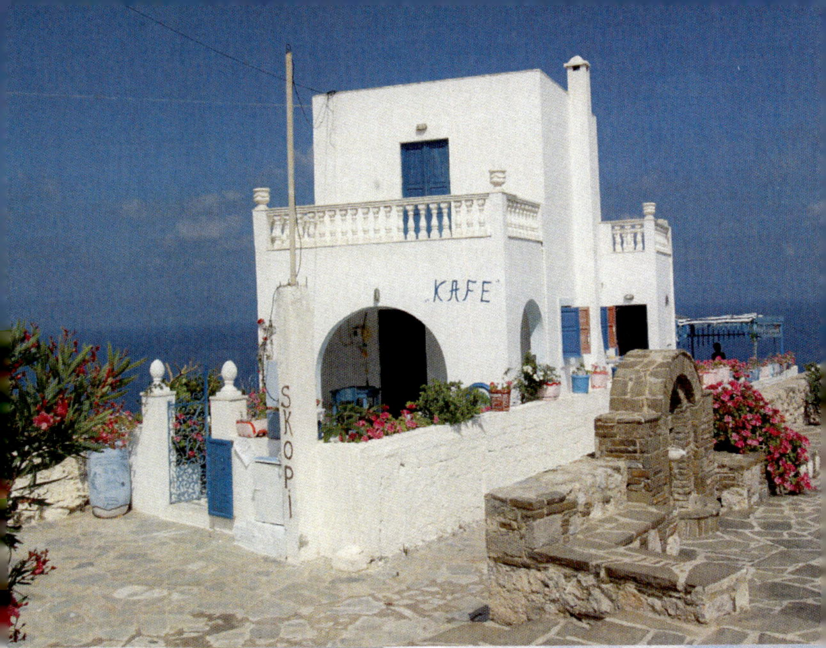
KAFE
SKOPI

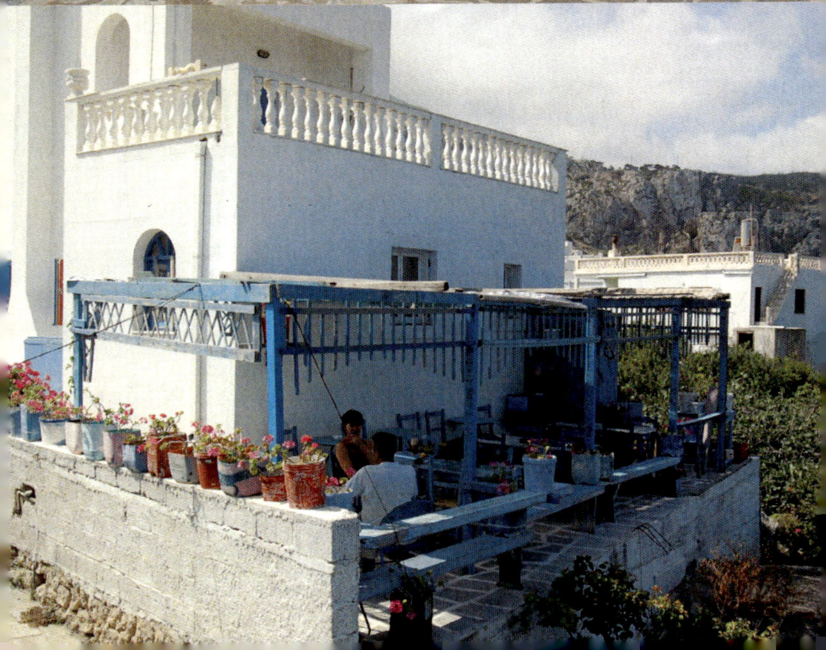

Manolis ist in Mesohori geboren, aber auf Rhodos aufgewachsen. Die Liebe hat ihn in sein Heimatdorf zurückgeführt, als er bei einem Besuch seine spätere Ehefrau Anasthasia kennenlernte.

1997 eröffnete er das Kafe Skopi, zu einer Zeit, als österreichische Reiseveranstalter, zu denen er schon auf Rhodos viele Jahre einen besonderen Kontakt pflegte, Karpathos als Reiseziel entdeckten. Im Jahr 1999 erweiterte Manolis sein Kafe um die gemütliche Terrasse.

Mortis

Monolis ist Zeit seines Lebens einer großer Hundefreund. So haben sich schon *Bo, Rex, Sarah* und zuletzt *Mortis*, den er als seinen besten Freund bezeichnet, den er jemals hatte, bei ihm sehr wohl gefühlt.

Die Beiden haben, wie echte Freunde eben, eine Menge zusammen unternommen. Neben der Arbeit im Kafe, bei der Mortis allerdings lieber faul auf einer der Bänke lag (immer ohne Kissen, die mochte er nicht), fuhren sie gemeinsam zum Fischen aufs Meer. Während Manolis „schnorchelte", wartete Mortis gespannt im Boot, was „sein Kumpel" aus dem Wasser mitbrachte, um den zappelnden Fang gleich zu beschnuppern, sobald er im Boot lag.

Alles was Manolis gerne isst, mochte sein Hund auch: Bananen, Mandarinen, Kuchen, gesalzene Erdnüsse und Wein. Ouzo musste Manolis allerdings alleine trinken!

Mortis war bei den Touristen außerordentlich beliebt und so wundert es nicht, dass ihm zu Ehren Ende September eines jeden Jahres eine legendäre Taufparty statt fand, zu der regelmäßig eine große Gästeschar erschien.

Die „Taufgeschenke", unzählige bunte Halsbänder, gerahmte Fotografien oder Tassen mit dem Motiv des Hundes, sind im Wohnzimmer von Manolis zu besichtigen.

Der Name Mortis ist im Griechischen ein Synonym für jemanden, der einen besonderen Charme und Intelligenz besitzt.

Leider ist der kleine Hund seit Oktober 2010 verschwunden …

FAST ALLE LEYFISCHE
UND FRANZ MARKUS ANNETTE CH

10. June 2011
KiRSTi and BJØRN
from Norway was here !!
We'll be back. Thank you

11. Juni 2011
Good to be back, to feel your lovely place
good health to you, Manolis!
Thanks for the memories Ante + Tanja Germany

Korsarengesindel

**Auszug aus dem Abenteuerroman von
JULES VERNE »Der Archipel in Flammen« (1884)**

Griechenland in den zwanziger Jahren des 19. Jahrhunderts: Das Osmanische Reich knechtet die Griechen, hält das Land besetzt und verkauft gefangene Griechen als Sklaven nach Nordafrika.

Aber immer mehr flackert der Aufstand der Unterdrückten auf, in verzweifelten Aktionen wollen sie sich ihrer Peiniger erwehren. Unterstützt werden sie von Panhellenen, Griechenlandfreunden und Freiwilligen aus ganz Europa, die die Freiheitsliebe der Griechen auch zu ihrer Sache gemacht haben.

Die Protagonisten des Romans sind Ehrenmänner, Seeräuber, reiche Kaufleute und natürlich schöne Frauen. Die Handlung dreht sich, wie in jeder spannenden Erzählung, um Politik, Geld und natürlich um die Liebe.

Die Region um das Karpathische Meer, eine Stätte von Strandräubern, bietet ideale Rekrutierungsmöglichkeiten für Seeräuberschiffe und ist einer der Schauplätze in diesem Buch.

So führt die Handlung zur Insel Scarpanto, die als berüchtigter Piratenschlupfwinkel und als türkischer Umschlagplatz für Sklaven bekannt ist. Als die Protagonisten in Arkassa an Land gehen, um Erkundungen einzuziehen, geraten sie auf einen Sklavenmarkt. Voller Abscheu betrachten sie das Geschehen.

Auktion in Scarpanto (Zwölftes Kapitel)

Wenn Kreta, wie die Fabel erzählte, die Wiege der Götter war, so war das Karpathos des Altertums, das heutige Scarpanto, die Wiege der Titanen, der kühnsten unter ihren Widersachern. Die Seeräuber der Neuzeit, insofern als sie nur einfachen Sterblichen zu Leibe gehen, dürfen ganz sicher als die würdigen Abkömmlinge dieser mythologischen Missetäter gelten, die vor dem Sturm auf den Olymp nicht zurückscheuten. Zur Zeit unserer Erzählung hatte es ganz den Anschein, als ob der Abschaum der gesamten Welt sein Hauptquartier auf dieser Insel aufgeschlagen hatte, auf der die vier Söhne des Japetos, die Enkel Titans und der Erde, das Licht der Welt erblickten.

Wahrlich! Scarpanto war auch der richtige Schlupfwinkel des Archipels für Korsarengesindel. Ziemlich isoliert am südöstlichen Ende dieser Meere und über 40 Meilen von der Insel Rhodus gelegen, sind seine hohen Berggipfel schon von weitem sichtbar. Bei einem Durchmesser von 20 Meilen ist die Insel zerstückelt, ausgefranst, ausgebuchtet in viele Zacken, die durch unendlich viele Klippen beschützt werden. Hat, wie es der Fall ist, die Insel ihren Namen den sie umgebenden Gewässern geliehen, so ist der Grund hierfür in dem Respekt zu suchen, in den sie sich bei den Alten schon ebenso gut zu setzen gewußt hat wie bei den Neuen. Wer nicht im Karpathischen Meere zu Hause und alt geworden ist, für den ist es noch immer ein gefährliches Ding, sich hinauf zu wagen. Und wie heute, war es genau im Altertum.

Indessen fehlt es der Insel, welche die letzte Perle in dem großen Rosenkranze der Sporaden bildet, keineswegs an guten Ankerplätzen. Vom Kap Pernisa bis zum Kap Bonandra und zum Kap Andemo auf ihrer Nordküste lassen sich zahlreiche Zufluchtsplätze finden. Die vier Häfen Agata, Porto di Tristano, Porto Grato und Porto Malo Nato wurden ehedem stark von Levantefahrern angesprochen, bevor ihnen Rhodus ihre kommerzielle Bedeutung nahm. Jetzt haben nur sehr wenige Schiffe noch Interesse, hier vor Anker zu gehen.

Scarpanto ist eine griechische Insel oder wird wenigstens von einer griechischen Bevölkerung bewohnt, gehört aber zum ottomanischen Reiche. Auch als das Königreich Griechenland endgültig errichtet worden war, verblieb sie im Besitze der Türken unter der Verwaltung eines einfachen Kadi, der damals eine Art Feste bewohnte, die oberhalb der neuen Burg von Arkassa liegt.

Zur Zeit unserer Erzählung würde der Leser hier eine große Zahl von Türken angetroffen haben, die bei den Inselbewohnern, die sich am Unabhängigkeitskriege nicht beteiligt hatten, eine, wie man sagen muß, durchaus nicht schlechte Aufnahme fanden. Allmählich zum Mittelpunkte von Handelsgeschäften geworden, wie sie verbrecherischer nicht mehr zu denken sind, waren auf Scarpanto Schiffe ottomanischer Herkunft ganz ebenso willkommen wie Korsarenschiffe, die ihre Gefangenenfrachten hier ausluden.

In Scarpanto fanden sich die Mäkler von Kleinasien ebenso ein wie diejenigen aus den Barbareskenstaaten, um sich auf einem bedeutenden Jahrmarkte, zu dem Menschenware angefahren wurde, einander zu überbieten. Hier wurden Auktionen abgehalten, hier wurden die Preise für Angebot und Nachfrage festgesetzt. Der Kadi war, wie gesagt werden muß, hierbei gewiß nicht mindestbeteiligte Person, denn er fungierte als Auktionator und die Händler hätten es als einen Verstoß gegen kaufmännische Pflicht angesehen, wenn sie ihm nicht einen gewissen Satz vom Hundert ihrer Ware abgegeben hätten.

Der Transport dieser Unglücklichen nach den Bazaren von Smyrna oder Afrika wurde auf Schiffen bewirkt, die in der Regel in dem an der Westküste gelegenen Hafen von Arkassa ihre Fracht einnahmen. Reichten die Schiffe nicht aus, so wurde Ersatz von der gegenüberliegenden Küste herangeholt, und die Korsaren weigerten sich niemals, sich zu diesem erbärmlichen Geschäft herzugeben.

Im Osten der Insel, in den Tiefen fast unauffindbarer Wasserläufe, an zwei Dutzend größerer und kleinerer Fahrzeuge, mit einer Besatzung von 1200–1300 Mann. Diese Flottille wartete bloß auf ihren Anführer, um auf neue Verbrechensfahrten auszuziehen.

Am 2. September abends ging die »Syphanta« eine Kabellänge von der Mole, auf trefflichem Untergrunde von 10 Faden Tiefe, im Hafen von Arkassa vor Anker.

Am andern Tage, zwischen 3 und 5 Uhr nachmittags, sammelte sich in der kleinen Stadt Arkassa allerhand Volk von der Insel, die vielen Fremden aus Europa und Asien ungerechnet, an deren Zulauf es bei solcher Gelegenheit nicht fehlen konnte: es war nämlich großer Markttag. Unglückliche Wesen jeglichen Alters und jeglichen Standes, die Kriegsgefangenen der Türken während der letzten Wochen, sollten hier zur Versteigerung kommen, auf dem „Batistan" oder dem Sklavenbazar, den man in vielen Städten der Barbareskenstaaten antrifft. An die hundert Gefangene, Männer, Weiber und Kinder, lagen zur Zeit im Batistan von Arkassa, in einem Hofe, der keinen Schatten gegen die Sonne bot, bunt durcheinander gewürfelt, mit Fetzen auf dem Leibe, Verzweiflung auf dem Antlitz, von Hunger und Durst geplagt, schlotterig an Leib und Gliedern. Bis Käuferlaune das Weib vom Manne, die Kinder von den Eltern trennen sollte, saßen die Unglücklichen familienweis zusammen; jedem anderen als diesen grausamen „Baschis", ihren Wächtern, die kein Schmerz, kein Herzeleid mehr rühren konnte, hätten sie das tiefste Mitleid eingeflößt ... und was waren die Qualen hier im Vergleich zu jenen, die ihrer in den sechzehn Bagnos von Algier, Tunis und Tripolis warteten, wo der Tod so schnelle Lücken riß, die unablässig gefüllt werden mußten?

Indessen war den Gefangenen noch immer nicht alle Hoffnung, die Freiheit wieder zu erringen, genommen. Machten die Käufer ein gutes Geschäft beim Einkauf, so sicher kein schlechteres, wenn sie die Sklaven in die Freiheit zurück verkauften, was immer zu sehr hohen Preisen geschah, und durchaus keine

Seltenheit war, denn wer noch Angehörige in der Heimat hatte, die über Mittel verfügten oder Mittel aufzubringen vermochten, der durfte rechnen, daß diese nicht eher ruhten, als bis solchen in Sklaverei schmachtenden Verwandten oder Familiengliedern die Freiheit winkte. Nicht selten nahm auch der Markt selber die Auslösung von Gefangenen in die Hand oder die reiche „Gnadenbrüderschaft" trat ein, die zu solchem Zwecke Kollekten in ganz Europa veranstaltete.

Auf dem Markte von Arkassa fanden die Auktionen statt. Allen, Fremden wie Einheimischen, stand das Befugnisrecht zu, gleichwie das Recht des Bietens; heute aber waren nur Großkäufer für die Bagnos der Berberei zur Stelle, deshalb sollte heute kein Einzelverkauf, sondern nur Enbloc-Verkauf der am Markte befindlichen Ware erfolgen, die dann, je nachdem der Zuschlag lautete, en bloc nach Algier, Tunis oder Tripolis zur Verschiffung kam. Bis um 5 Uhr nachmittags dauerte die Versteigerung; ein Kanonenschlag von der Citadelle verkündete ihren Schluß und den Zuschlag.

Am 3. September fehlte es im Batistan nicht an Kauflustigen. Aus Smyrna und anderen Nachbarplätzen Kleinasiens waren Agenten der Barbaresken-Bagnos zur Stelle. Der starke Zudrang war höchst erklärlich. Aus den letzten Kriegsereignissen ließ sich schließlich schließen, daß der Friede in naher Aussicht stand. Ibrahim Pascha war in den Peloponnes zurückgedrängt, während General Maison mit einem Korps von 2000 Franzosen in Morea gelandet war. Künftighin erlitt also die Ausfuhr von Gefangenen erhebliche Beschränkung, ihr Kaufwert mußte also, zur lebhaften Genugtuung des Kadis, bedeutend steigen.

Im Lauf des Morgens hatten die Mäkler den Batistan besucht und die zu Markte kommende Ware besichtigt; sie hatten die Meinung mit hinweggenommen, daß dieselbe aller Wahrscheinlichkeit nach sehr hohe Preise erreichen würde.

»Beim Mahomet!« rief ein Agent aus Smyrna, der unter seiner Sippe das Wort führte, »die Zeit der feinen Geschäfte ist vorbei!

Gedenkt Ihr noch jener Zeiten, da die Schiffe uns die Gefangenen tausend- und nicht hundertweis herschafften!«

»Ja! ... wie seinerzeit bei dem Gemetzel auf Scio!« erwiderte ein anderer; »mit einem Schlage weit über 40 000 Gefangene! Da gab's nicht Schiffe genug, die Last zu bezwingen!«

»Gewiß, gewiß,« rief ein dritter, der mit sehr gesundem Kaufmannsverstande ausgestattet zu sein schien; »aber zuviel Ware, zuviel Angebot und zuviel Preisdrückerei! Besser schon, es ist wenig Ware zu gutem Preise am Platze, denn die Nachfrage bleibt dann immer rege, und die paar Frachtgroschen mehr auf das einzelne Stück spielen keine Rolle!«

»Jawohl! ... vor allem nicht in der Berberei! ... Aber die zwölf Prozent für den Pascha, Kadi oder Statthalter sprechen mit!«

»Und die hundert Prozent für den Unterhalt der Mole und der Küstenbatterien!«

»Und das eine Prozent, das aus unserer Tasche noch an die Priester fällt!«

»Ja, diese Prozente über Prozente machen die Reederschaft pleite und uns Mäkler mit!«

Solche Reden flogen zwischen diesen Agenten, die für die Schändlichkeit ihres Handels keine Spur von Verständnis hatten, hin und her. Immer die gleichen Klagen über die gleichen Fragen und hätte ihren Reden nicht die Marktglocke ein Ende gemacht, so würden die Klagen zweifellos zu weit schärferem Ausdruck gelangt sein.

Der Kadi leitete von einer Estrade aus, unter dem Schutz eines Zeltes, das von dem türkischen Halbmond überragt wurde, die Auktion, mit echt türkischer Ungeniertheit in halb liegender Stellung auf großen Polsterkissen.

Neben ihm stand der Ausrufer, der aber keine Gelegenheit fand, sich die Lunge sonderlich anzustrengen. Nein! Denn bei Geschäften dieser Art lassen sich im Orient die Käufer Zeit.

Das erste Gebot wurde von einem Händler aus Smyrna mit tausend Pfund türkisch gemacht.

»Tausend Pfund türkisch!« wiederholte der Ausrufer.
Dann schloß er die Augen, als wenn ihm Muße genug zum Schlummern bleiben würde, bis ein neues Gebot erfolgte.

Während der ersten Stunde ging das Gebot von tausend auf zweitausend Pfund türkisch herauf, nach französischem Gelde also auf annähernd 47 000 Francs. Die Mäkler sahen einander an, hielten einander im Auge, schwatzten untereinander von allerhand anderen Dingen. Was sie bieten wollten, wußten sie zum voraus. Ihr Höchstgebot würde erst wenige Minuten vor Auktionsschluß geschehen: darüber waren sich alle klar ...

Die Geschichte der Piraterie im östlichen Mittelmeer

Im östlichen Mittelmeer wurde die Piraterie durch den Küstenverlauf begünstigt, da dieser mit zahlreichen Inseln, Vorgebirgen und Buchten eine Vielzahl von Zufluchtsmöglichkeiten bot und seit der Antike gang und gäbe war.

Einen weiteren Höhepunkt erlebte die Seeräuberei in dieser Region in der Zeit der Perserkriege bis in die Mitte des 2. Jahrhunderts v. Chr. Während man am Ende des 4. Jahrhunderts v. Chr. noch von Rhodos aus – wo sich einer der größten Sklavenmärkte der Antike befand – erfolgreich gegen die Seeräuber vorgehen konnte, waren andere Inseln nicht mehr in der Lage, für die Sicherheit ihrer Seewege zu sorgen. Im Rahmen der Expansion des islamischen Kalifenreiches kam es vom 7. Jahrhundert an zu vermehrten Angriffen arabischer Flotten.

Im 16. Jahrhundert waren die moslemischen Korsaren die vorherrschenden Piraten im östlichen Mittelmeerraum. Deren Stützpunkte waren die Barbareskenstaaten Algier, Constantine, Tunis und Tripolis, von wo aus sie im Auftrag des osmanischen Sultans Jagd auf die Schiffe christlicher Nationen machten. Als Gegenleistung dafür, dass die örtlichen Statthalter des Sultans, die Beys, den Korsaren ihre Häfen zur Verfügung stellten, erhielten diese in der

Regel ein Zehntel der Beute, plus Hafengebühren. Oftmals wurden erfolgreiche Korsaren selbst zu Beys ernannt.

Von Nordafrika aus unternahmen die Barbaresken Raubzüge durch das gesamte Mittelmeer. Dabei plünderten sie nicht nur Passagier- und Handelsschiffe, sondern überfielen auch regelmäßig küstennahe Dörfer und Städte, um dort Sklaven zu erbeuten.

Auf christlicher Seite standen den Barbaresken vor allem die Flotten der Johanniter gegenüber. Diese hatten zunächst ihr Zentrum auf Rhodos und nach der Eroberung der Insel ab 1530 auf Malta. Von dort aus betrieben sie auch selbst Piraterie und zwar nicht nur gegen muslimische Länder.

Der letzte große Fang gelang den Maltesern am 28. September 1644: Eine aus sechs Galeeren bestehende Flotte eroberte und plünderte bei Karpathos einen türkischen Geleitzug aus zehn Schiffen. Das wertvollste Schiff des türkischen Konvois war eine Galeone von etwa 1 200 Tonnen, die eine der Hauptfrauen des osmanischen Sultans Ibrahim und ihre erheblichen Schätze sowie ihr Gefolge transportierte.

Die Piraterie hatte in der Mitte des 17. Jahrhunderts bereits ihren Höhepunkt überschritten. In der Spätphase waren sie meist nicht mehr an der Ladung selbst interessiert, sondern an der Erpressung von Lösegeldern für Schiffe und Mannschaften sowie an den informellen Tributzahlungen der betroffenen Nationen.

In der Ägäis mit ihren zahllosen Inseln verschwand die Seeräuberei nie ganz. Als am 22. Februar 1821 im Zuge der Griechischen Revolution der offene Aufstand gegen das Osmanische Reich ausbrach, scharten sich die Piraten unter der Flagge mit dem blauen Kreuz und erhoben ihre Seeräubereien zum Freiheitskampf. So lieferten sie der türkischen Flotte erbitterte und oftmals erfolgreiche Kämpfe.

Allerdings zeigten sie dabei auch nicht die geringste Scheu, Frachtschiffe, gleichgültig welcher Nation, aufzubringen und auszurauben, um ihre Kriegskasse aufzufüllen.

Ein Herz für Tiere 🐾

Sonne, Meer, gastfreundliche und Kinder liebende Menschen – eine wunderbare Urlaubsinsel! Das sind Gedanken, die den meisten Menschen durch den Kopf gehen, wenn sie an Karpathos denken. Leider gibt es hier aber auch eine andere Wirklichkeit, die nicht immer ein angenehmes Leben für viele Tiere bedeutet.

Selbstverständlich gibt es auf der Insel Tierhalter, die ihren Hund oder ihre Katze lieben und ihrem Vierbeiner auch gerecht werden. Aber leider werden allzu oft Hunde an Bäumen oder an Tonnen angebunden, wo sie an viel zu kurzen Leinen, der prallen Sonne ausgesetzt und ohne ausreichende Wasserversorgung, ein trauriges Dasein fristen.

Das größte Problem aber ist die unkontrollierte Vermehrung, weil die gesetzliche Vorgabe, Hündinnen und Katzen kastrieren zu lassen, nicht eingehalten wird und die Tiere in großer Zahl einfach ausgesetzt werden. Der Fortpflanzungstrieb zwingt sie dann dazu, ihr eigenes Leid auf nachfolgende Generationen zu übertragen.

Die meisten Einheimischen sehen Kastrationen, die einzig wirksame Tierschutzmaßnahme, als „wider die Natur" an. Aber einen Wurf unerwünschter Welpen auf dem Müll zu „entsorgen", ist in den Augen einiger Menschen leider vollkommen in Ordnung.

🐾

Die Anfänge der *Tierhilfe Karpathos* waren im Jahr 2000, als *Martina Greve,* eine engagierte Tierärztin, aus Neuwied, das erste Mal auf die Insel kam und *Robin* und *Alf,* zwei Tierfreude aus den USA

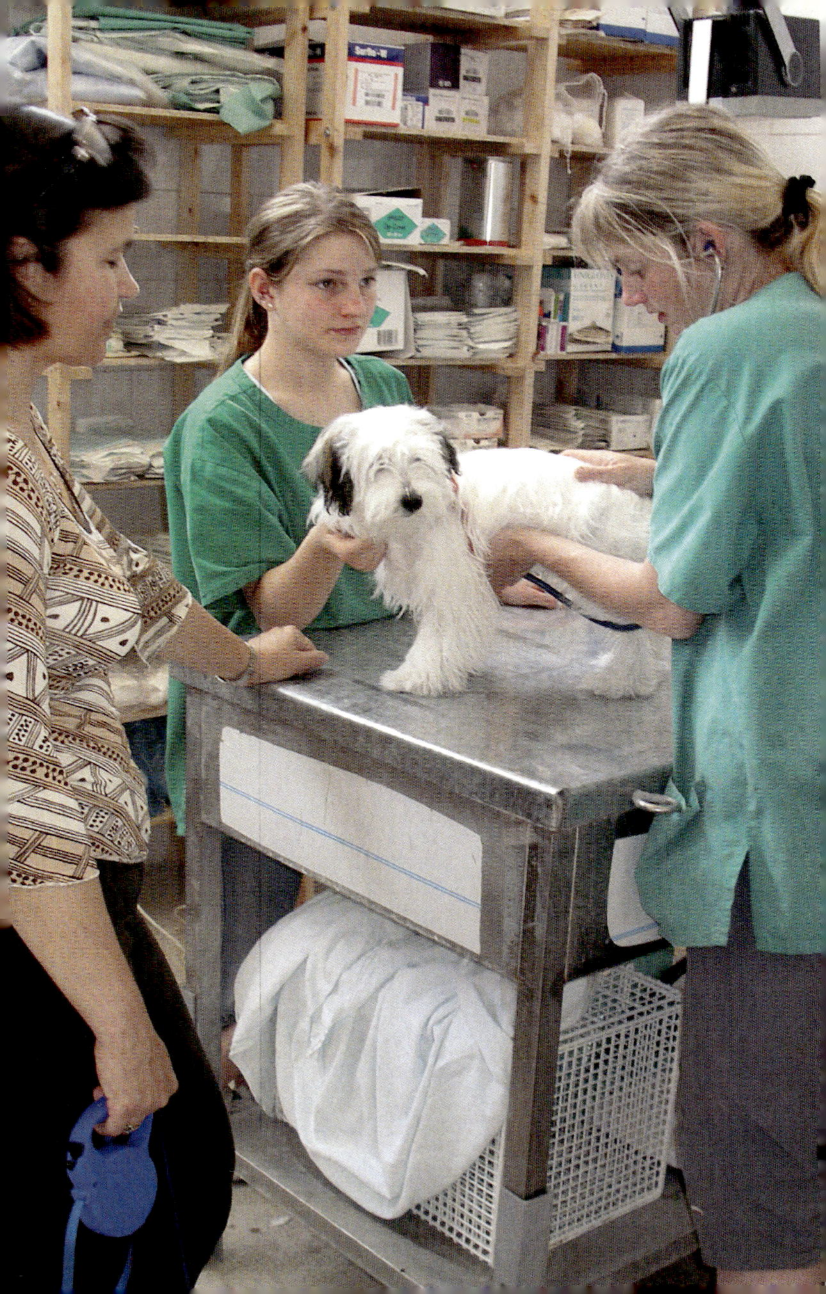

bzw. aus Deutschland, kennenlernte, die sich damals gerade auf Karpathos angesiedelt hatten. Mit Unterstützung der Beiden eröffnete Martina 2001 die Tierklink in Pigadia und hat seit dieser Zeit unzählige Kastrationsaktionen organisiert und durchgeführt.

Das dafür benötigte Equipement wurde in aufwändigen Speditionstransporten nach und nach auf die Insel gebracht. Nahezu alles, was sich heute in der Praxis befindet, musste vom eigenen Geld gekauft (oder oft genug von Firmen als Spende erbettelt) und nach Karpathos transportiert werden. Das war eine kostspielige Angelegenheit, denn Flugkosten, Unterkunft, ein Auto für Martina und eine Tierarzthelferin, die wie die Tierärztin ihren Urlaub dafür opfert, gingen mächtig ins Geld.

Der Großteil der Arbeit von Martina, Robin und Alf besteht darin, Hunde und Katzen zu kastrieren. Diese kommen natürlich nicht einfach so in die Tierklinik spaziert, sondern müssen abgeholt oder meistens erst mit Fallen eingefangen werden.

Sind die Katzen kastriert, entwurmt und gekennzeichnet (damit keine Katze zweimal eingefangen wird), werden diese an die Stelle zurück gebracht, an der sie eingefangen wurden.

Wunderbar anzusehen ist es dann, wenn Martina im nächsten Jahr eines dieser Tiere wieder entdeckt und feststellt, wie gesund es ist, wenn es keinem Fortpflanzungsstress ausgesetzt war. Nicht kastrierte Tiere können aufgrund der milden klimatischen Bedingungen bis zu viermal im Jahr Junge bekommen, meist ein bis vier pro Wurf!

In den letzten Jahren ist das kleine Team immer wieder mit der kompletten Kastrationsausrüstung in die verschiedenen Inseldörfer gefahren, um vor Ort einen oder zwei Tage zu arbeiten, da der Transport von beispielsweise 20 Katzen von Lefkos nach Pigadia einfach zu aufwändig ist, von Diafani nach Pigadia, nahezu unmöglich.

Das Hilfsangebot an streunende Hunde gestaltet sich deutlich schwieriger, da es auf Karpathos außerordentlich problematisch

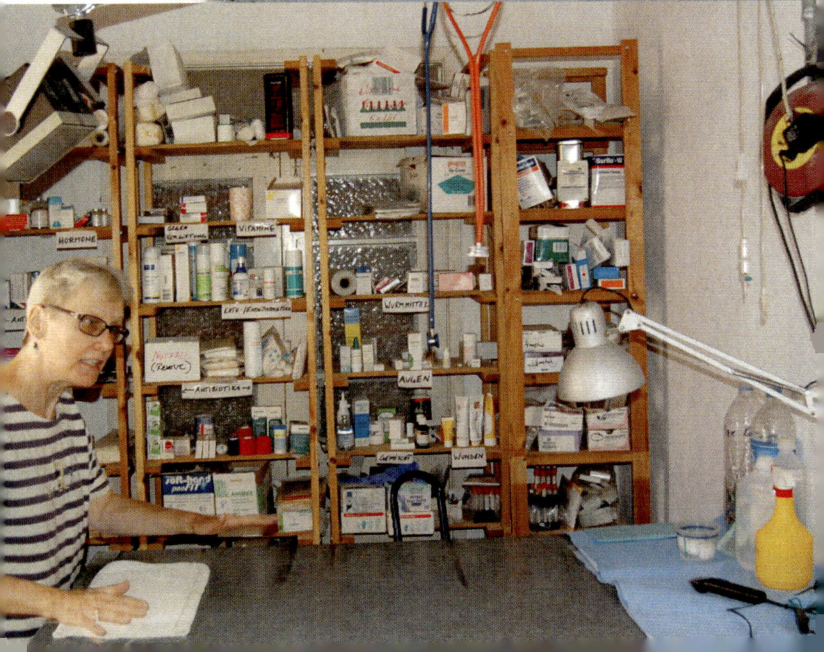
HORMONE
VITAMINE
WURMMITTEL
AUGEN
← ANTIBIOTIKA →
GEWICHT
WUNDEN

ist, ein gutes Heim für die Tiere zu finden. Vierbeiner, die „Glück haben", werden von Touristen mit nach Hause genommen. Martina betont aber ausdrücklich, dass sie versucht, das Problem der extremen Vermehrung durch Aufklärung und Kastrationen vor Ort zu lösen.

Die Klinik-Sprechstunde (Montag, Mittwoch, Freitag, jeweils am Nachmittag) wird von den Einheimischen gerne angenommen. Sie nutzen dieses Angebot, um ihren Tieren (vom Meerschweinchen bis zum Esel) bei der Behandlung der unterschiedlichsten Probleme helfen zu lassen, da sich der nächste Tierarzt auf Rhodos befindet.

Neben der Aufklärungsarbeit (nachdem der Dorfpfarrer von Piles seine Katze kastrieren ließ, ist eine deutliche Verhaltensänderung der Inselbewohner zu beobachten) und den regelmäßigen Sterilisierungsprogrammen, die durch Radiohinweise und Aushänge auf der Insel bekannt gemacht werden, bietet die Tierhilfe Karpathos Impfungen, Routineuntersuchungen, Parasitenbekämpfung, Haar- und Nagelschnitte, Notfallversorgung sowie Probenentnahme für Laboruntersuchungen an.

Ein langfristiges Ziel von Martina ist es, eine Auffangstation mit permanenter personeller Besetzung in einem besser ausgestattetem Praxisraum zu errichten.

Die Tierhilfe Karpathos befindet sich in Pigadia in der *Odos Posonton Karpathion* nahe dem alten Rathaus, das zwischenzeitlich durch einen Neubau ersetzt wurde. Schauen Sie doch einmal hinein! Futterspenden (trockenes Futter bevorzugt), das Freiwillige an Streuner verfüttern, wird gerne angenommen.

Übrigens: In der Klinik gibt es tolle T-Shirts zu kaufen, deren Gewinn komplett der Tierhilfe zu Gute kommt.

Falls Sie eine Geldspende machen möchten, halten Sie bitte nach den Spardosen Ausschau, die in den Hotels und Restaurants überall auf der Insel aufgestellt sind, oder überweisen Sie direkt an:

Tierhilfe Karpathos e.V.
Raiffeisenbank Neuwied-Linz
Kontonummer 100 171 125 (BLZ 57460117)
IBAN: DE 97 574601170100171125,
BIC GENODE1NWD

Kontakt:
Martina Greve, Neuwied
(MartinaGreve@aol.com)
Roberta Jacobson und Alf B. Meier, Pigadia
(secretary@animalwelfarekarpathos.org)
Telefon: (+30) 697 8040136
www.animalwelfarekarpathos.org

Das Wappentier

Delfine sind seit Urzeiten Begleiter der Menschen auf Karpathos und das Wappentier der Insel. Schon auf den historischen Münzen waren die Meeressäuger abgebildet. Das Meer um Karpathos herum ist das Delfinreichste des gesamten Mittelmeerraums — nirgendwo gibt es so viele der intelligenten Lebewesen wie zwischen Halki oben im Norden und Karpathos.

Jeder Fischer auf der Insel hat das Schauspiel „tanzender" Delfine, die das Boot begleiten, schon erlebt. Gesehen, wie ein dichtgedrängter Trupp von fünf, sechs Tieren auf das Boot zuschwimmt, dieses für längere Zeit umspielt, ehe die Tiere wieder eine andere Richtung nehmen, wegtauchen – plötzlich auf der anderen Seite des Bootes wieder auftauchen, das Boot eskortieren, durch das Wasser tanzen, sich aus der Oberfläche des Wassers erheben, mit ihren großen geheimnisvollen Augen in das Boot blicken und so mit den Menschen Kontakt aufnehmen. Ein Erlebnis, das man nie wieder vergessen wird.

Man kann die schnaubenden Geräusche hören und den dampfartigen Strahl, den sie ausstoßen. Dann verschwinden sie wieder genau so schnell, wie sie gekommen sind. Sie sind so flink, dass sie ohne Probleme mit jeder Fähre mithalten können.

Die Fischer wissen es jedoch zu deuten, wenn die Tiere hoch in die Luft schnellen und der Wind ihre hellglänzenden Leiber einige Meter zur Seite geschoben hat, bevor sie wieder in ihr Element ein-

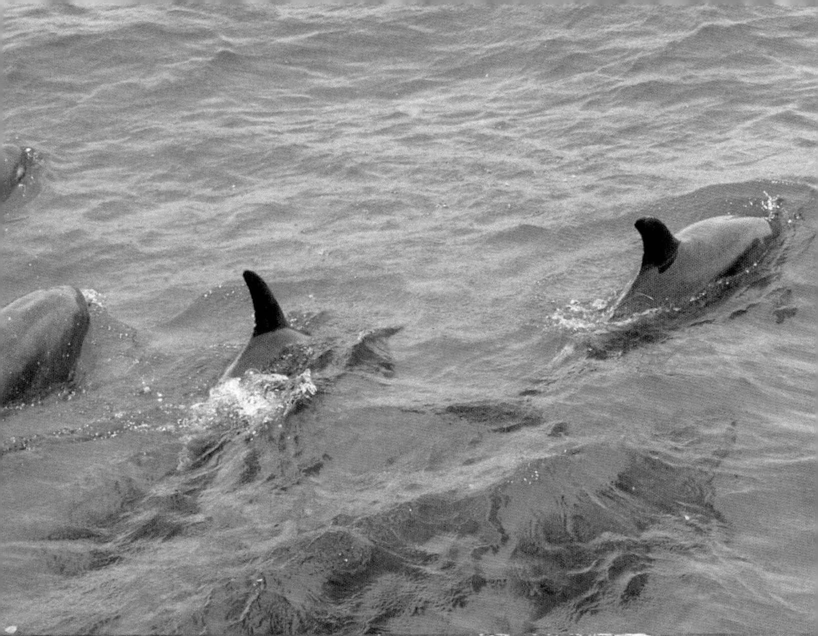

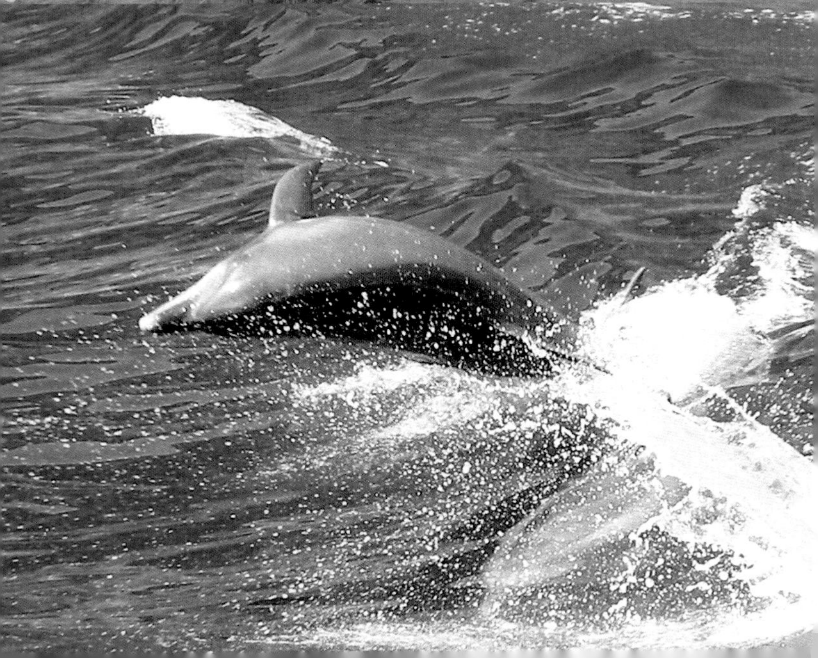

tauchen. Die Unvollkommenheit dieses scheinbaren Spiels hat einen höheren Sinn, denn wenn der Delfin sich aus dem schäumenden Wasser erhebt, steht ein Wetterumschwung an. Am nächsten Tag wird ein heftiger Sturm das *Karpathische Meer* peinigen.

Irgendwann im Juli verschwinden sie dann fast alle aus der südlichen *Ägäis*, weil sie den *Meltemi*, den brausenden Nordwind nicht mögen. Die Tiere verziehen sich in das windstillere *Ionische Meer* und kommen erst im Herbst zurück, wenn sich die zornigen Stürme beruhigt haben.

Kein anderes Tier des ägäischen Raumes hat die Dichter seit Jahrtausenden mehr beschäftigt als die Delfine. In glühenden Schilderungen und wunderlichen Fabeln wird begeistert von Delfinen berichtet, die beim Fangen von Meerbarben behilflich gewesen sein sollen, indem sie die Fische scharenweise in die Netze getrieben haben. Für diesen Dienst wurden sie mit einem Teil der Beute belohnt, der vorher in Wein getränkt wurde.

Glaubt man antiken Chronisten wie *Homer* oder *Herodot*, die immer wieder von Freundschaften zwischen den Meeressäugern und Menschen berichtet haben, dann lebten Griechen und Delfine im Altertum wirklich in privilegierter Partnerschaft.

Plutarch etwa schildert die Liebe zwischen dem Knaben *Hermias* und einem Delfin, der das Kind sogar auf seinem Rücken reiten ließ. Eines Tages soll Hermias im Sturm bei einem solchen Ausflug ertrunken sein. Der Sage nach hat sich sein Reittier aus Schuldbewusstsein daraufhin stranden lassen.

Schön ist auch eine andere Geschichte, die sich die alten Griechen erzählten. Piraten hatten den Gott *Dionysos* überfallen, um ihn als Sklaven zu verkaufen. Das war natürlich ein idiotisches Unterfangen und sie merkten zu spät, mit wem sie sich da eingelassen haben, als sich Dionysos in einen Löwen verwandelte, das Schiff mit Efeu verschloss und Flötenklänge erklingen ließ.

Nun bekamen die Piraten Angst, sprangen über Bord und suchten schwimmend das Weite. Erst im Wasser merkten sie, das Dionysos sie in Delfine verwandelt hatte. Seit dieser Zeit sagt man, dass Delfine musikbegeistert sind und die Menschen lieben, da sie ja von diesen abstammen.

Diese Gutmütigkeit den Menschen gegenüber ist wohl eine Wiedergutmachung aus der „Piratenzeit" der Tiere, als sie ausgerechnet einen Gott in die Sklaverei verschleppen wollten.

Und es waren ebenfalls Delfine, die dem mythischen Orakel von *Delphi* Pate standen, da der Name der berühmtesten aller Weissagungsstätten von den graziösen Meeressäugern stammt. Gegründet wurde der Ort, so will es die Legende, als Heiligtum für den griechischen Gott *Apoll*, nachdem dieser das Seeungeheuer *Delphyna* (halb Schlange, halb Frau) besiegt hatte und danach die Eigenschaften der Delfine in seiner eigenen Gestalt vereinigte.

Der Gott der Sonne und der kosmischen Ordnung tat sich auf diese Weise mit der gebärenden Kraft der See zusammen – *delphis* bedeutet auf griechisch auch „Mutterleib".

So wurde der Delfin für die Griechen zum Inbegriff der Geburt und Wiedergeburt – ein heiliges Tier also. Die Göttin *Aphrodite* ritt auf dem glänzenden Schwimmer über Wellen und Schaum und erinnerte so daran, dass der Kern der Liebe, die Vereinigung, den Embryo hervorbringt, der im schützenden Wasser des Mutterleibes schwebt. Auch die christliche Überlieferung übernahm diese Interpretation und machte den Delfin zum „Fisch des Lebens".

Am Anfang, so suggerieren diese Symbole, sind wir gewissermaßen alle Delfine – und wir kehren eines Tages zu ihnen zurück.

Denn der Monat Mai, in dem die alten Griechen ihrer Toten gedachten, hieß in früheren Zeiten ebenfalls *Delphinio*s.

Sonnenplatz

Fast ein bisschen stolz erzählt *Ilias Rumeliotis,* dass sich in seinem *Kafenion Faros* seit der Eröffnung 1996 nichts verändert hat. Das Kafenion hat 365 Tage im Jahr geöffnet und wurde seitdem nie vor zwei Uhr (nicht selten erst um vier Uhr) in der Frühe geschlossen.

Ein Besuch bei dem geselligen Ilias, der neben seiner Muttersprache gut Englisch, ein wenig Deutsch und wie er selbst sagt prima „europesalat" spricht, ist ein nettes Urlaubserlebnis.

Neben alkoholfreien Getränken serviert Ilias Wein aus Karpathos sowie alle erdenklichen Arten von Spirituosen, insbesondere natürlich Ouzo, die von einer Auswahl traditioneller *Mezedes* begleitet werden.

Als Mezedes bezeichnet man in Griechenland „Appetithäppchen" wie Oliven, kleine Fische, Salami oder Gurken. Ouzo wird übrigens traditionell langsam genippt und über einen Zeitraum von mehreren Stunden genossen.

Ilias, der von ausländischen Besuchern oft fälschlicherweise mit *Ilios* (was im griechischen „Sonne" heißt) angesprochen wird, hat aus dem Missverständnis eine Tugend gemacht und den Standort seines kleinen aber feinen Lokals über den Dächern von Pigadia „Sonnenplatz" genannt.

Mit dem Spitznamen kann er sehr gut leben, da dieser einmalig auf der Welt ist — genau wie die Atmosphäre in seinem Kafenion.

UPSTAIRS →
KAFENION
FAROS
ILIOS PLACE

CAFFEE. JUICE. COLA. BEER
WINE. ALCOHOL. ICE CREAM.
YOGHURT
 -WITH KARPATHIAN HONEY.
KARPATHIAN WINE.
SPECIAL
OYZO WITH MEZE.

OPEN AT 17:00 :)

Poseidons Rosse

Großer Gott Poseidon, von dir begann ich zu singen!
Du bewegst die rastlos wogende See und die Erde.
Meergott, der du den Helikon schirmst und die weite Ägäis.
Erschütterer – zwiefach schenkten die Götter dir Ehre:
Meister der Rosse bist du sowohl wie Retter in Seenot.
Heil dir Poseidon, Erderhalter, dunkel Gehaarter!
Seliger du, mit gütigem Herzen! So hilf deinen Schiffern!
Homerische Hymne an Poseidon

Als ich in Pigadia war, kam ein Dampfer herein mit einer so bejammernswerten Gruppe von Reisenden an Bord, wie ich sie wohl überhaupt nirgends sonst in der Ägäis gesehen hatte.
Allesamt drückten sie Zitronen, dieses Altweibermittel, gegen die Gesichter, die genauso gelb waren, wie die Frucht, wankten von der Besatzung gestützt an Land und sanken auf die Stühle der Hafencafés. Es ist mir unbegreiflich, warum die Griechen, die doch die umsichtigsten aller Kaufleute sind, aus den zahlreichen Mitteln gegen Seekrankheit, die heutzutage auf dem Markt sind, anscheinend keinen Gewinn ziehen.
Vielleicht liegt es daran, dass das einfache Volk, nachdem es schon Geld für die Fahrkarte hingelegt hat, nicht noch mehr für Pillen ausgeben will …
Ernle Bradford, 1963

Es ist 7:00 Uhr am Morgen und wir gehen an Bord der *Prevelis*, die gleich den Hafen im kretischen *Sitia* verlassen und Kurs Richtung Osten nehmen wird.

Kassos 11:00 Uhr, *Karpathos* 12:45 Uhr, *Rhodos* 17:15 Uhr. In gut neun Stunden hat die Fähre das Ziel, den *Akontia*-Hafen auf Rhodos erreicht.

8:00 Uhr. Der Himmel ist wolkenlos und man sieht kaum eine Schaumspitze über dem tintenblau gefärbten Meer.

9:15 Uhr. Der Himmel ist unverändert, von durchsichtigem Licht durchflutet, das Meer aber erscheint ein wenig gekräuselter als kurz zuvor — jetzt kann man es ahnen. Hier beginnt das *Karpathische Meer*. Der Sturm tobt los.

Im nächsten Augenblick zischen die Wassermassen von unten herauf, sie prasseln gegen die salzverkrusteten Scheiben, es spritzt kalt durch die Ritzen des Schiffes. Das ist kein Regen!

Zwischen Himmel und See ist nichts anderes mehr als Wasser. Wasser, das eine schäumende, an die Fähre klatschende Wand bildet. Dazu peitscht der Wind, schlagen die Eisentüren des Schiffes in die Schlösser. Olivgrüne Wellen, eine Höllensoße schwappt an die Fenster, läßt im Zurückweichen ein Stück Himmel erkennen. Der Horizont ist im oberen Fensterdrittel erkennbar, sinkt ab und wird mitsamt dem Himmel in die Tiefe gezogen und taucht unmittelbar darauf wieder auf.

Die Passagiere stemmen sich mit beiden Füßen fest gegen die Schiffswand, sitzen festgekrallt in ihren Stühlen oder kauern auf dem Boden. Aus olivgrünen Gesichtern blicken weit aufgerissene Augenpaare ins Leere.

Gischtfahnen treiben über die aufgewühlte, kochende See. Das Meer keucht, spukt und schnalzt beängstigend und schreit wie ein verletztes Tier. Der Horizont verschiebt sich, der Himmel verschwindet und die aufblitzende Sonne tanzt auf und ab wie ein leuchtender Ballon durch den zerfetzten Himmel.

Der nächste Brecher trifft das Schiff mit donnernder Gischtfontäne breitseits an der Schiffsflanke. Schreien und Flehen ist nicht zu verstehen, man hört nur das Fauchen und Krachen der hoch- und niedergehenden See; dazu das Quietschen und Knarren der Schiffswände, wenn die Fähre aus einem Wellental nach oben gerissen wird, um in das nächste geworfen zu werden. Es ist nur noch eine zerfledderte Leinwand, ein nasser Vorhang zu sehen, dunkel und verschwommen. Dieses Gedröhne trifft den Nerv, als wäre es die Stimme des jüngsten Gerichts.

Poseidon hat schlechte Laune. Hier in seinem Revier, dem *Karpathischen Meer*, hat er sich schon immer rücksichtslos ausgetobt.

Er reisst seine Rosse über das Meer, das Schaumfell an ihren strampelnden Hufen wird sichtbar. Kurz darauf erscheint eine Gesellschaft spitzohriger delfinschwänziger Tritonen, jede Täuschung ist ausgeschlossen, man kann ihre Stummelhörner deutlich in der Gischt erkennen. Die griechische Mythologie hat sie nicht einfach nur erfunden; diese Gestalten sind Realität. Man muss sie nur sehen! Man kann es hören! Tritonengelächter!

Die Passagiere schließen die Augen – nun ist alles vorbei! Man kann es wirklich nicht mit ansehen, diesen Horizont, wie er in die Höhe hebt, um dann dröhnend zu bersten, und schon garnicht dieses Getümmel schaumschlagender Delfinschwänze …

Endlich, die Laune von Poseidon bessert sich und der schrille Posaunenklang des Sturmes verstummt nach und nach. Das schreckliche Durcheinander der donnernden Wellen beruhigt sich und das aufblühende Licht wird ein ruhiges, heiteres Meer gebären.

Kassos. Noch knapp zwei Stunden bis *Karpathos*, die *Prevelis* nähert sich dem Hafen von Pigadia. Oben auf dem Deck kann man greifbar nahe, ja auf Augenhöhe, den Friedhof des Ortes erblicken. Nach so einer Reise löst der Anblick eines Friedhofes ein ganz besonderes Gefühl von Dankbarkeit aus.

Das Karpathische Meer

Und rundherum glitzert endlos,
manchmal voller Zorn das Ägäische Meer,
das immer brüllt, die steilen Felsen anfällt
und Karpathos benagt.

Das *Karpathische Meer* (*Karpáthio pélagos*) wurde nach seiner größten Insel benannt. Es ist ein südöstliches Randmeer der Ägäis und erstreckt sich etwa zwischen der Ostküste *Kretas* im Südwesten, der Insel *Astypalea* nördlich und den südlichen Inseln der Südlichen Sporaden bis Rhodos im äußersten Osten.

Die Bezeichnung des Meeres war bereits in der Antike gebräuchlich. Im Karpathischen Meer liegen neben Karpathos und Kassos nur einige kleine, unbewohnte Felseninseln, die jedoch als Brutgebiete gefährdeter Vogelarten von Bedeutung sind.

Auf *Saria* findet man die letzten *Mönchsrobben* des Mittelmeeres, von denen nur noch eine Population von 300 bis 400 Tieren vermutet wird.

Das Karpathische Meer ist seit der klassischen Zeit berühmt und berüchtigt dafür, dass es dem Seemann feindlich gesonnen ist; hier rollt der *Meltemi* mit der vollen Wucht der Ägäis, hinter sich das Meer schäumend heran und zwängt es tosend zwischen Karpathos und Kreta.

Wenige Dinge kommen wohl dem Chaos und der Übelkeit auf einer Inselfähre gleich, wenn der Sturm das Meer in einen kräftig stoßenden, kurzen Wellengang versetzt hat.

Zahlreiche Schiffswracks, die den Grund des Meeres säumen, belegen dies.

Das *Karpathische Meer* wird vom *Karpathischen Graben* durchzogen, der eine Tiefe zwischen 3 294 Meter, 59 km südöstlich vom Nordostkap Kretas und 2 467 Meter, südwestlich der Nordspitze von Karpathos hat.

Aus dem Bilderbuch

Erich Hänßler ist ein bekannter Bildjournalist, der seit 1950 Reportagen für in- und ausländische Zeitschriftenmagazine veröffentlicht hat. Mit seinen Fotoaufnahmen entführt er uns in eine Welt, wie sie nur Wenige kennen lernten.

Von 1950 bis in die 80er Jahre des letzten Jahrhunderts zog es ihn immer wieder als neugierigen Gast auf die unberührte Insel Karpathos. Olympos erlebte er als Dorf, „das mit keinem anderen zu vergleichen ist und zum Schönsten zählt, was Griechenland bietet." Besonders angetan war er jedoch von den Menschen, deren Leben er auf besondere Weise in seinen Bildern festgehalten hat. Die beiden Aufnahmen auf der Seite gegenüber stammen aus Diafani, die folgenden sind in Olympos entstanden.

Die *Fotografie mit der Frau am Webstuhl entstand 1950. Webstühle waren zu dieser Zeit noch in fast jedem Haushalt anzutreffen. — Die drei Männer mühten sich 1955 in einer der Olivenpressen des Dorfes ab. — 1985 lassen sich vier Generationen der Familie von Papas Ioannis späterer Ehefrau fotografieren. — Manolis Hartias, einer der beiden Dorfschuster, hatte 1985 täglich bis spät in die Nacht zu tun. — Bei Philipos und Archantoula im Kafenion Kriti gab es 1980 die einzige Telefonverbindung des Ortes. Hier traf man auch den Postboten an, der einmal pro Woche nach Olympos kam, um die Dorfpost auszuliefern und um Rentenzahlungen oder Geldtransfers aus Übersee auszuzahlen. — Bei der Osterliturgie im gleichen Jahr wurde besonders schön gesungen und der dazu gehörende Festtagsbraten von Sofia Farmanaki stolz präsentiert.*

Die Aufnahmen von Erich Hänßler sind ein beeindruckendes Vermächtnis für alle, die sich einfühlsam dem vergangenen Zauber von Olympos öffnen möchten.

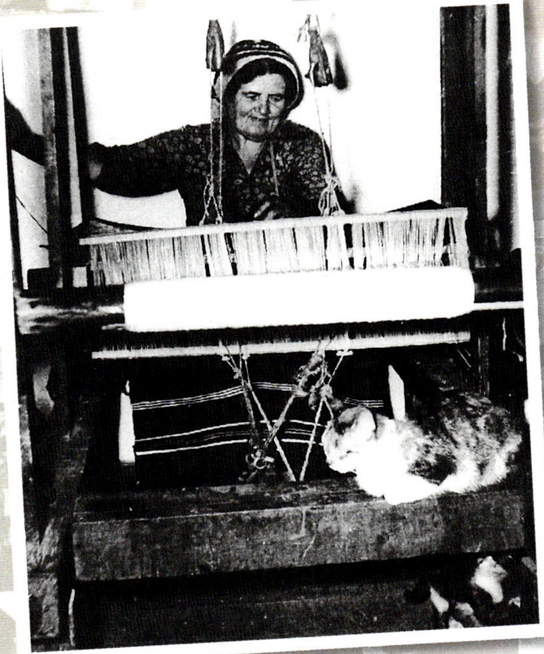

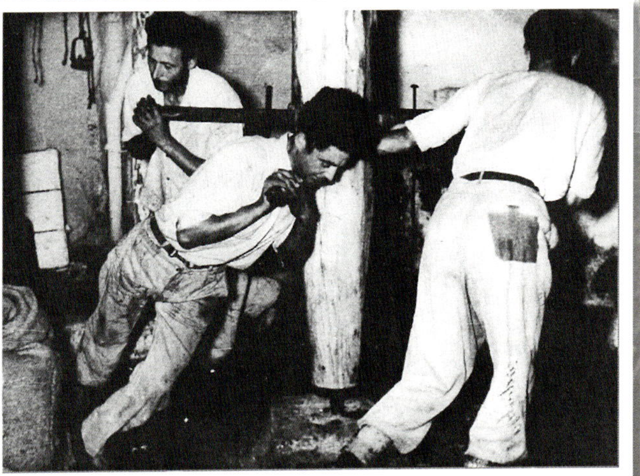

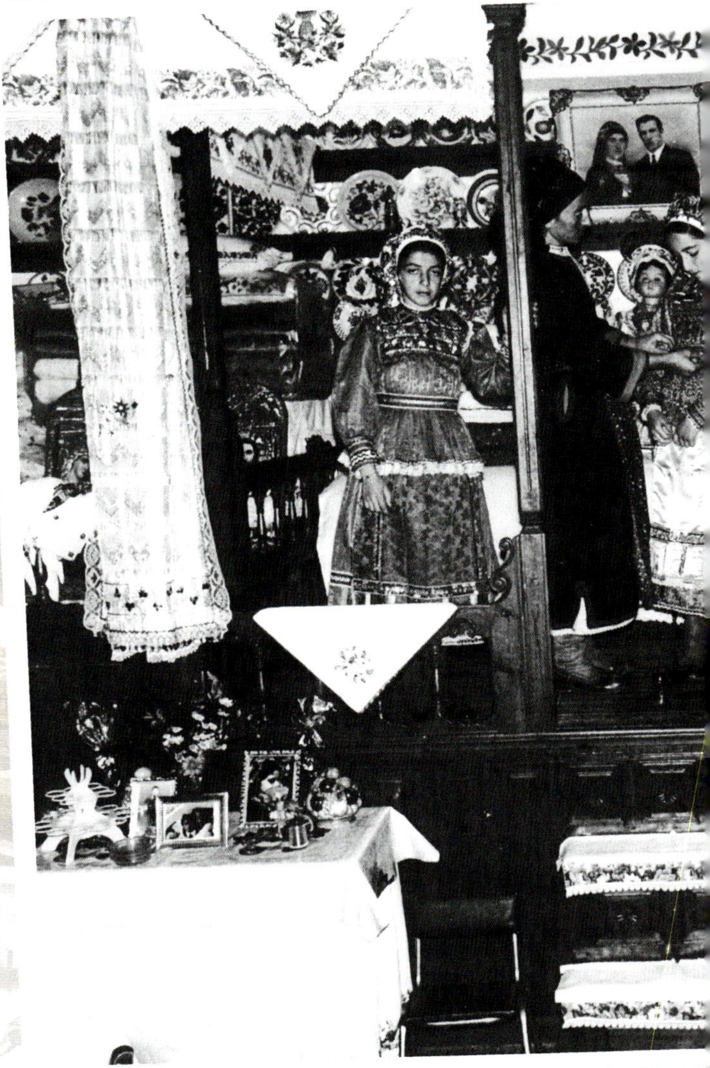

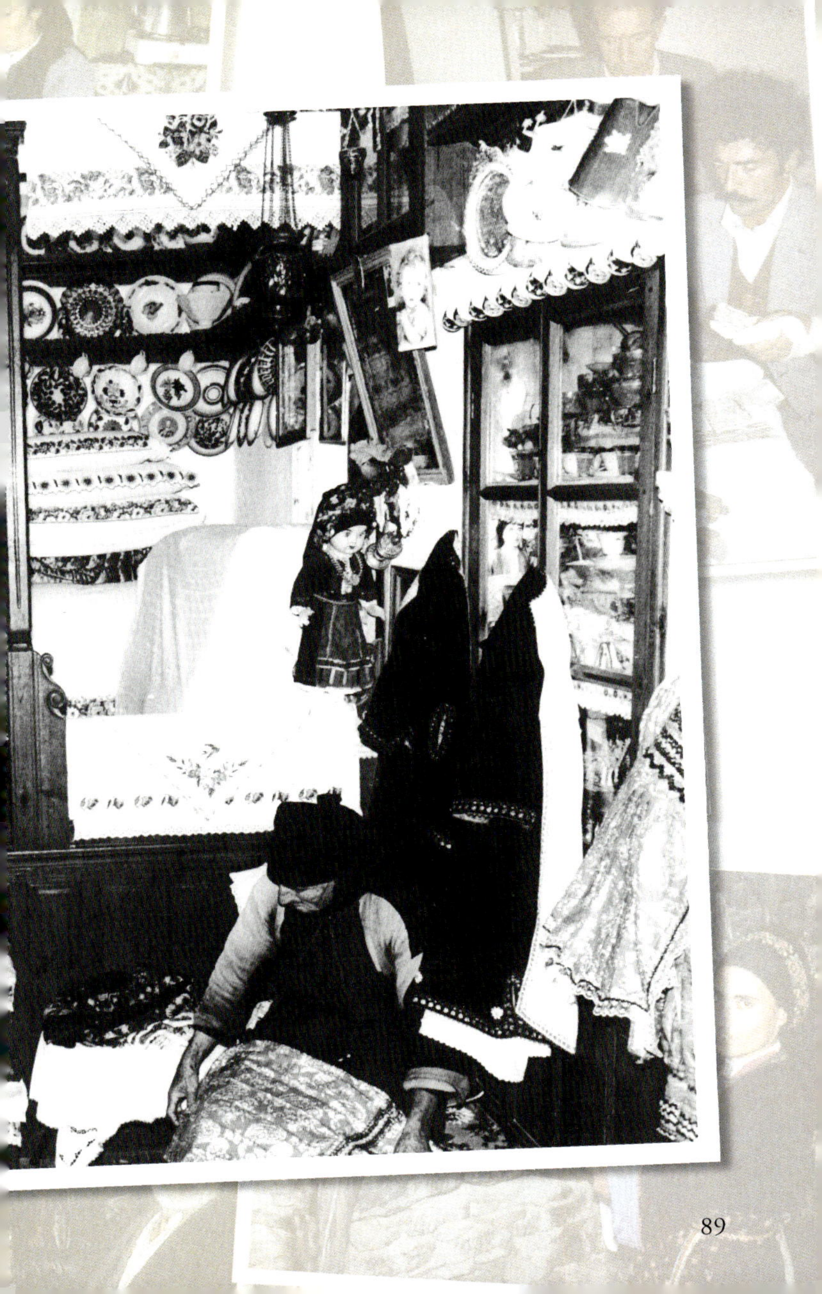

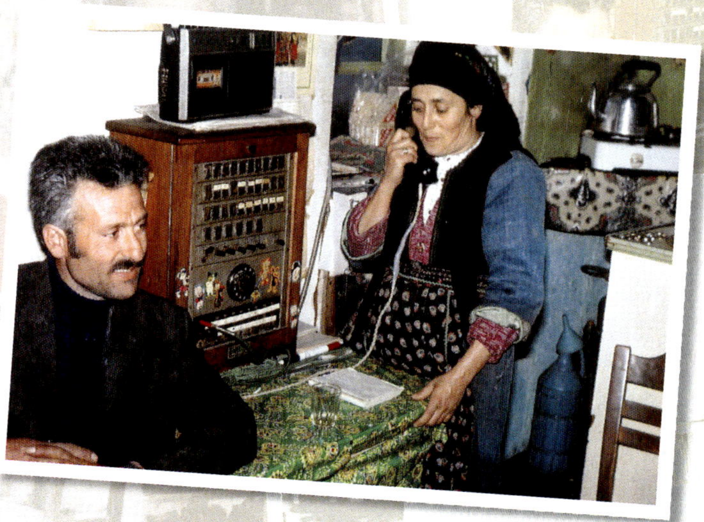

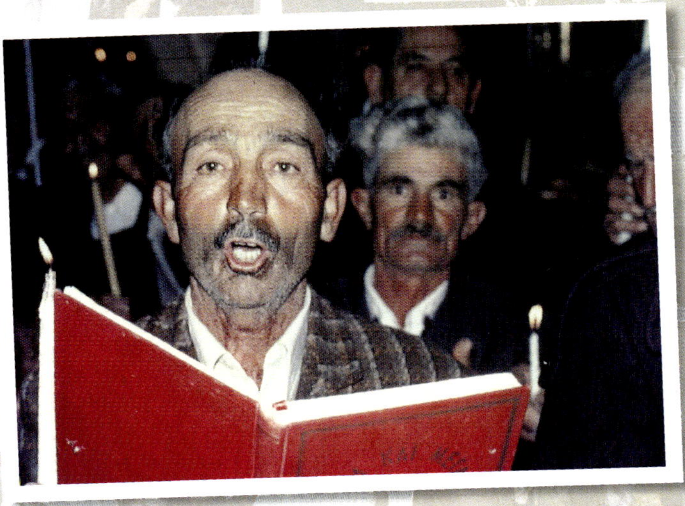

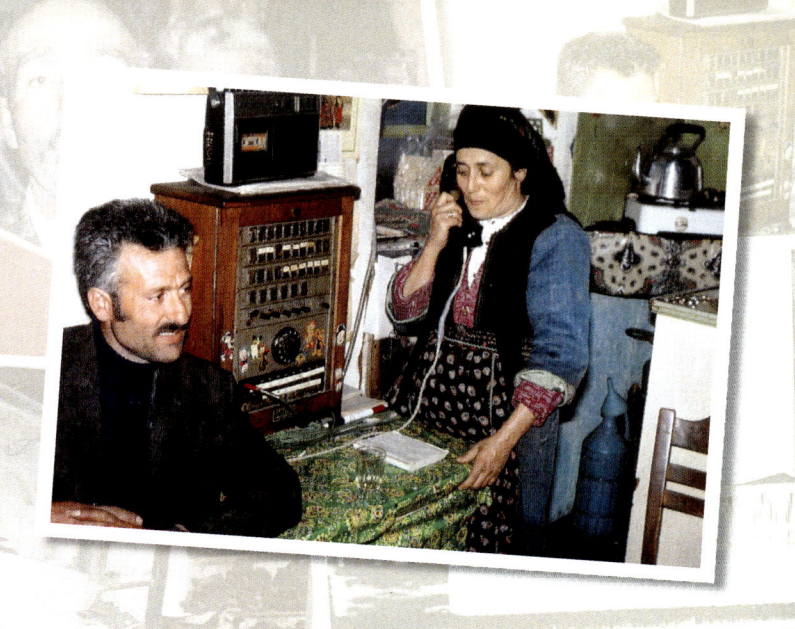

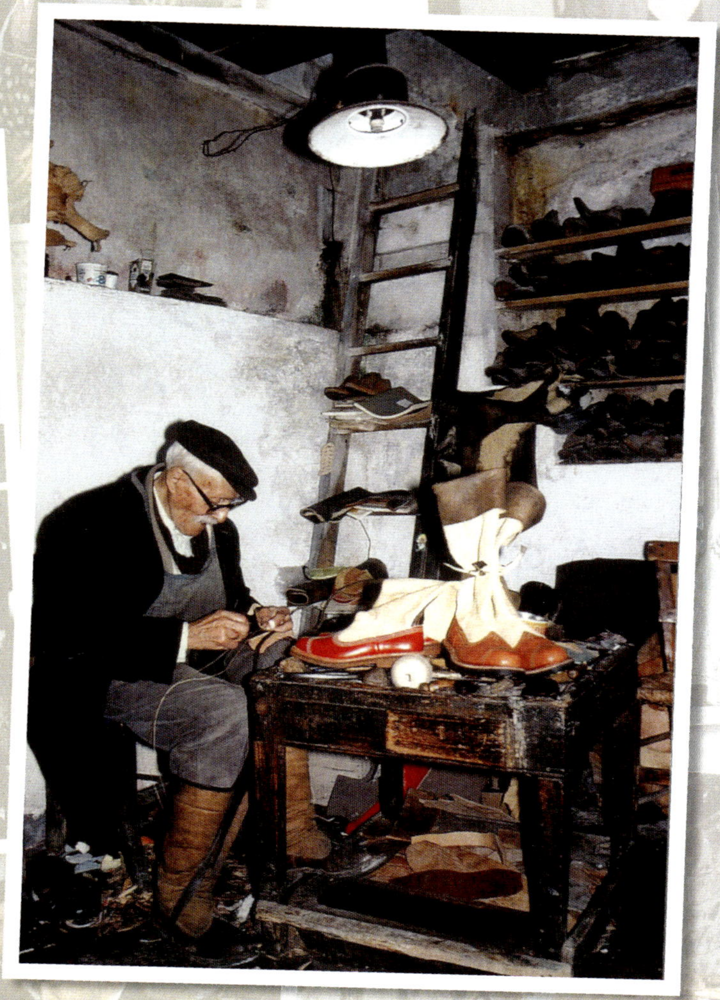

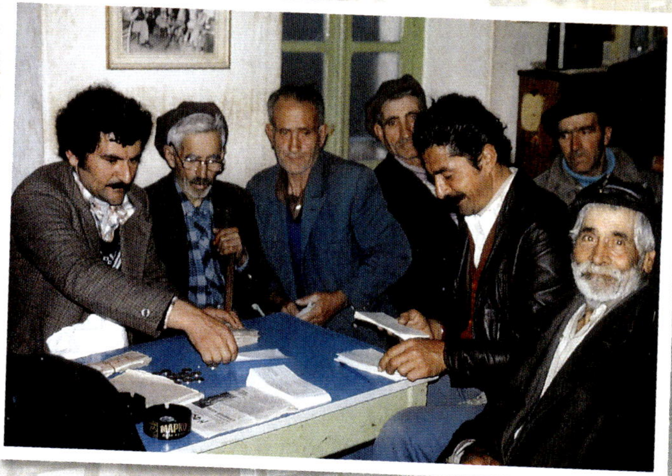

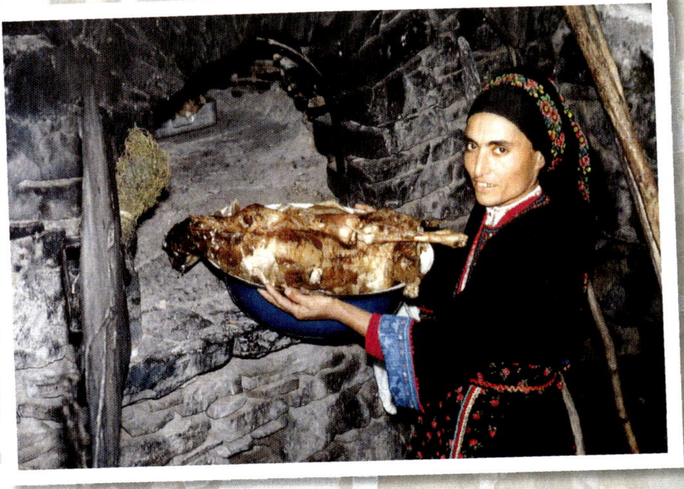

93

Fischiges

Die Mühe, die ein Fischer hat, wird der, der die Fische säuberlich auf seinem Teller zerteilt, niemals begreifen.

Fische und Meeresfrüchte, die in den Tavernen der Insel angeboten werden, sind in aller Regel frisch gefangen. Der besondere Geschmack dieser Gerichte liegt in der Einfachheit der Zubereitung. Die Fische, ob komplett oder als Filet zubereitet, werden gewöhnlich nur mit *Ladolemono*, einer leckeren Soße aus Olivenöl und Zitrone, bestrichen und gegrillt oder gebraten serviert. Dazu essen die Einheimischen meistens *Skordolia*, die schmackhafte Knoblauchsoße und frisches Brot.

Kalamares und *Garides* werden, wie überall in Griechenland, in heißem Öl frittiert und mit Zitronensaft besprizt serviert.

Unter den gut ein Dutzend Brassenarten (Doraden) ist die Goldbrasse die edelste. Aber auch Zahn-, Sack- und Rotbrassen sind sehr beliebt und auf den Speisetafeln der Inseltavernen zu finden.

Der *Skaros* ist ein ganz besonderer Fisch, da er nur in den Gewässern des Karpathischen Meeres vorkommt und deswegen auch „der Karpathische" genannt wird.

Einige Fischarten unterliegen gesetzlichen Fangzeiten, dürfen also nicht das ganze Jahr über angeboten werden.

Fisch ist auf den Inseln der Ägäis nicht preiswert. Lassen Sie sich besser vor der Bestellung das Gewicht sagen, oder fragen Sie einmal nach *Atherina*, *Marida* oder *Gavros*. Das sind kleine leckere Fische, die vorzüglich schmecken und nicht die Welt kosten.

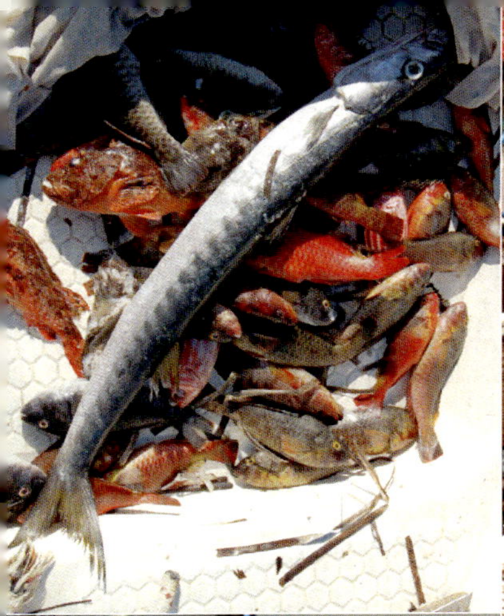

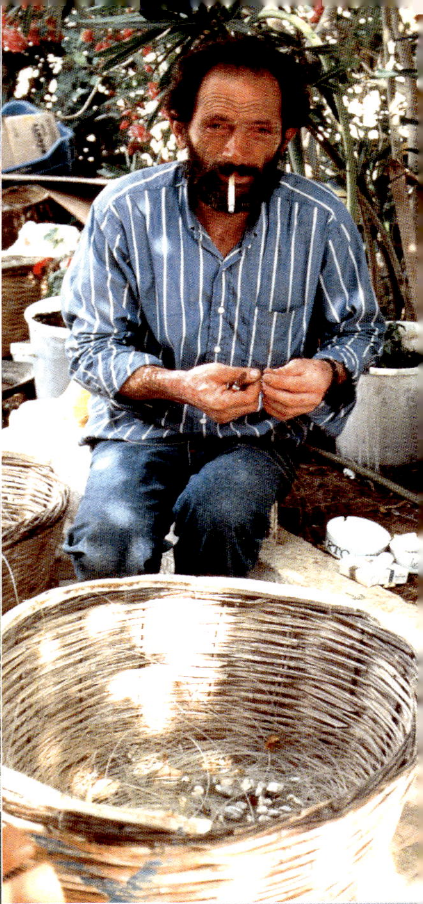

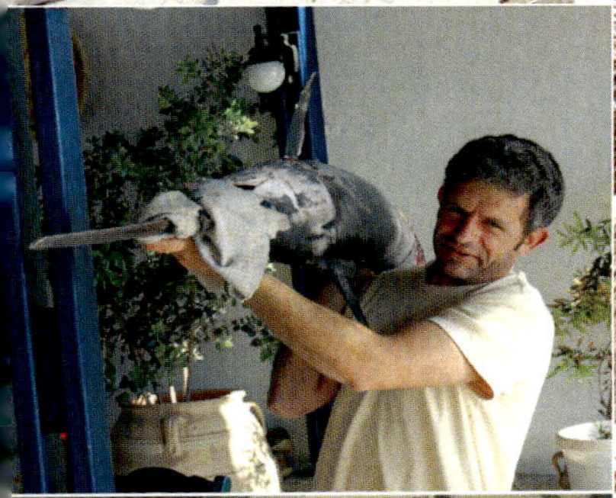

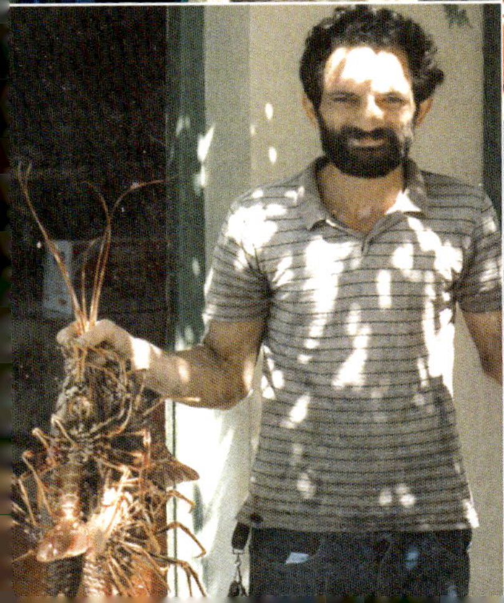

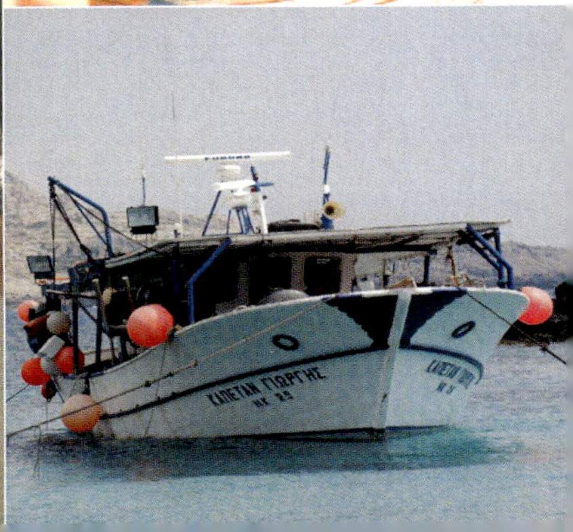
ΚΑΠΕΤΑΝ ΓΙΩΡΓΗΣ

Je nach Jahreszeit finden Sie auf den Speisekarten der Tavernen:

Astakos	Hummer
Atherina	Ährenfisch
Bakaliaros	Seehecht
Barbouni	Rotbarbe
Fangri	rosa Dorade
Galeos	Glatthai
Garida	Garnele
Gavros	Sardelle
Gopa	Bloecker
Glossa	Seezunge
Kalamari	Kalamare
Karavida	Hummer (mit starkem Panzer)
Kefalos	Meeräsche
Lavrini	Wolfsbarsch
Lithrini	Graubrasse
Marida	gefleckte Schnauzenbrasse
Melanouri	Brandbrasse
Mourmouri	gestreifte Seebrasse
Oktopus	Krake
Palamida	Thunfisch
Phagros	Sackbrasse
Rofos	weißer Zackenbarsch
Sardella	Sardelle
Sargos	Weissbrasse
Sarpa	Goldstriemen
Sepia	Tintenfisch
Skalari	Buntbarsch
Skaros	Papageienfisch
Skorpios	Drachenkopf
Stira	Zackenbarsch (für die Suppe)
Synagrida	Zahnbrasse
Tsipoura	Goldbrasse
Vatrachopsaro	Seeteufel
Vlachos	Wrackbarsch
Xifias	Schwertfisch

Der Skaros

ist ein Papageienfisch (*Sparisoma Scarus*), der ausgesprochen schmackhaft ist, ausschließlich im Karpathischen Meer beheimatet ist und deshalb von den Inselbewohnern stolz als „der Karpathische" bezeichnet wird.

Dieser mit Nagezähnen ausgestattete Fisch wurde bereits in etlichen Papyrus-Veröffentlichungen der Antike erwähnt und abgebildet. Bei *Aelian* wurde der „scarus" sogar als Medizin empfohlen. Um 50 n. Chr. ließ der römische Admiral *Optatus Elipertius* den Fisch in großer Zahl an der Küste von Kampanien aussetzen und dort fünf Jahre lang schonen.

1981 hat es „der Karpathe" sogar auf die 12-Drachmen Briefmarke der griechischen Post geschafft.

Der *Skaros* kann samt seiner Eingeweide verzehrt werden. Den Einheimischen schmeckt er am besten vom Grill mit einer Tomaten- und Zwiebelbeilage (*Skaros yahni*).

Die Fischer auf Karpathos haben ihm sogar ein kleines Lied gewidmet:

Esse den Kopf des Rofos
vom Melanouri den Körper
aber vom Skaraos esse den Kot
und sage mir dann was dir am besten geschmeckt hat!

1 Skorpios
2 Skaros
3 Palamida
4 Stira
5 Rofos
6 Melanouri
7 Sargos
8 Mourmouri
9 Skalari
10 Lithrini
11 Fangri
12 Gopa

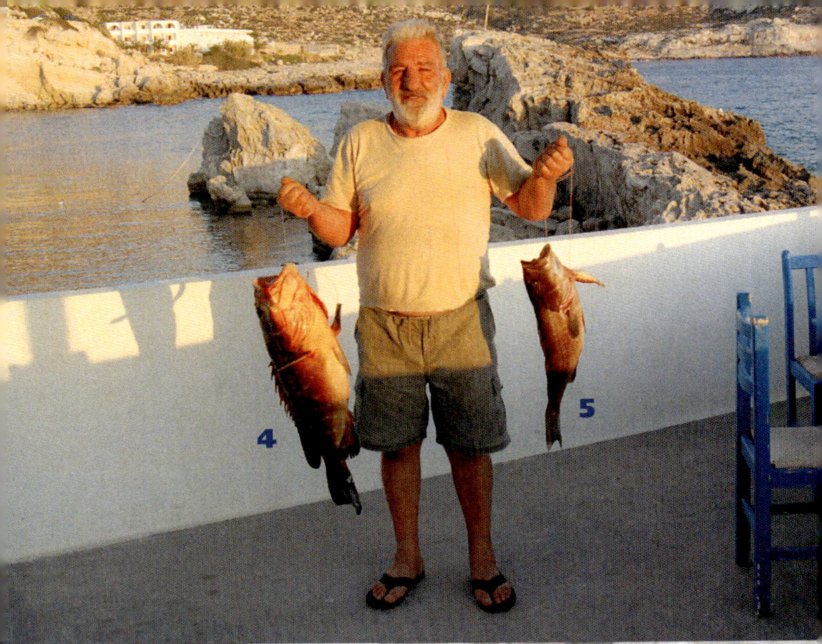
4
5

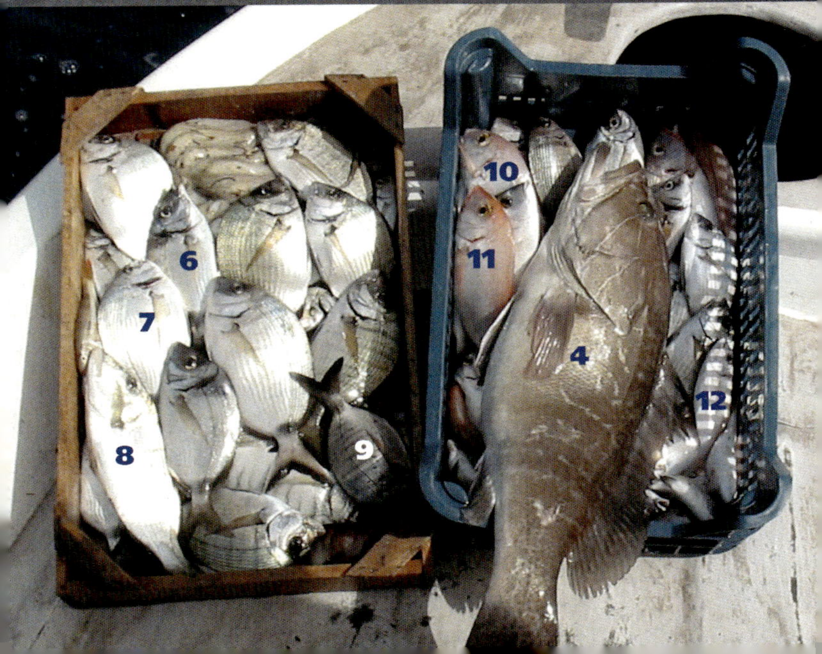
10
6
11
7
4
12
8
9

Siebentausendmeilenstiefel

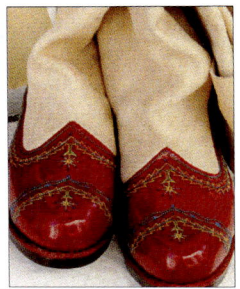

Jannis Prearis zeigt uns einen mehrere Zentimeter starken Stapel mit Papierbögen, auf denen jeweils ein Name, Zeichnungen und handschriftliche Notizen festgehalten sind. Das ist seine „Datenbank"; hier werden die Informationen zu den Füßen (fast) aller Bewohner von Olympos und Diafani festgehalten. Das Fertigen der „Karpathos-Stiefel", der berühmten *Stavania,* ist Maßarbeit. Anhand seiner Notizen kann Jannis auch telefonische Bestellungen, zum Beispiel von Emigranten aus Übersee, schnell und zuverlässig realisieren.

Jeder hier im Norden der Insel, ob Mann oder Frau, trägt seine Stiefel, und darauf ist Jannis stolz.

Die Schustertradition wird seit 1926 von den Männern der Familie Prearis betrieben, als der Großvater von Jannis mit der Schusterei begann. Dieser lief noch zu Fuß von Olympos nach Spoa, um dort seine Produkte auszuliefern. Der Großvater und ab 1948 Jannis´ Vater arbeiteten noch bis zu 16 Stunden am Tag, um der großen Nachfrage auf der Insel Herr zu werden.

Ab 1978 schusterte Jannis mit seinem Vater zusammen, der 2002 in den Ruhestand ging. Schon immer, und das hat bis heute Gültigkeit, gibt es auf jedes Paar Stiefel eine „lebenslange" Garantie.

Und so werden immer mal wieder Jannis Stiefel zur Reparatur gebracht, die sein Vater oder gar der Großvater gefertigt haben; *Siebentausendmeilenstiefel* im wahrsten Sinne des Wortes.

Lederstiefel aus Olympos sind berühmt und haben seit Jahrhunderten das gleiche Aussehen. Der Unterschuh wird aus braun eingefärbtem Leder hergestellt, die Stiefel für die Frauen werden zusätzlich dekorativ mit Stickereien verziert.

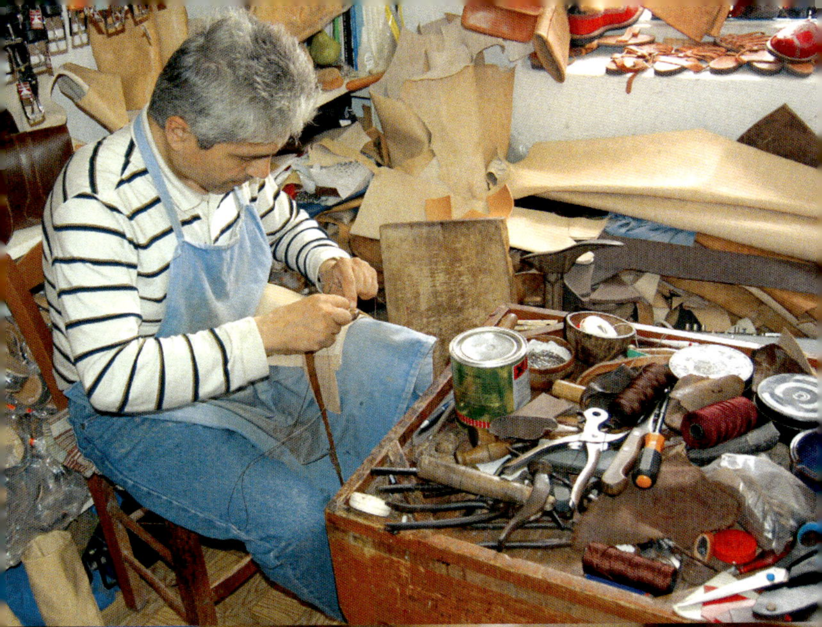

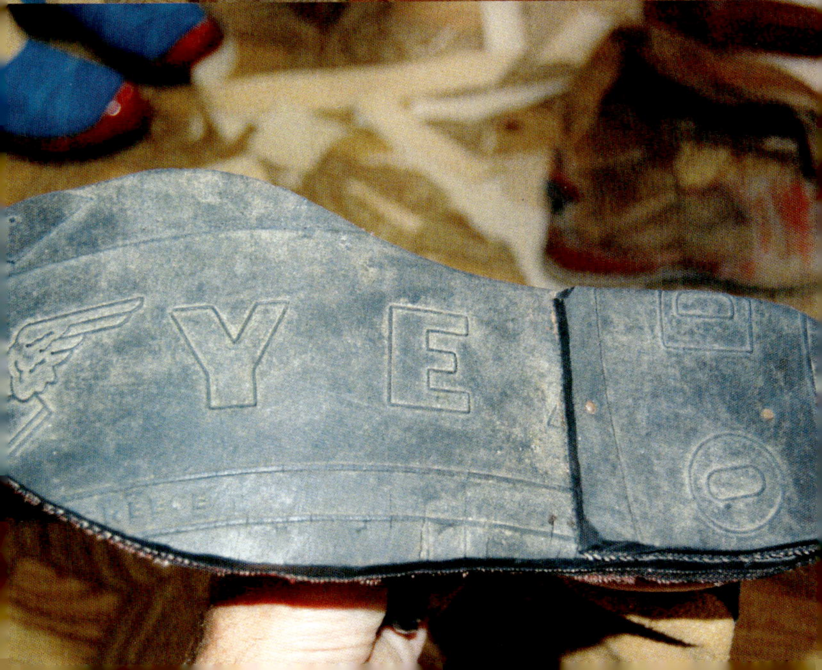

Der Schaft zeigt manchmal die Innen- oder Außenseiten des Ziegenleders und bleibt generell schmucklos. Die Sohlen werden aus Autoreifen (am beständigsten sind *Good Year* oder *Pirelli*), in neuerer Zeit allerdings auch schon mal aus Plastik geschnitten.

Die Fertigung ist reine Handarbeit. Für ein Paar Stiefel benötigt Jannis etwa drei Tage. Bevor das Ziegenleder in einer Beize aus aufgelöstem Hühnermist gegerbt wird, schneidet er es grob in eine Fußform. Damit das Material sauber und weich wird, muss es 24 Stunden (keine Minute länger) in diesem Bad liegen. Dabei wird es auch gleich gebleicht.

Da das Leder die Flüssigkeit wie ein Schwamm aufsaugt, wird es im Anschluss auf eine Leine zum Abtropfen gehängt, bevor beide Seiten mit einem Messer glatt und geschmeidig geschabt werden.

Das noch leicht feuchte Leder wird von Jannis anhand seiner Maßzeichnung millimetergenau geschnitten und mit der vorbereiteten Gummisohle sorgfältig vernagelt.
　Fertigt ist ein unverwüstliches Produkt, das ein Menschenleben hält und das Jannis erst in 20 oder 30 Jahren, nach vielen zurückgelegten Meilen, wieder zu Gesicht bekommt.

Winter auf Karpathos

Auch das ist Karpathos – nur ganz anders. Vergeblich hält man im Winter Ausschau nach der sonnendurchfluteten Ägäis, den aufgeheizten, aufgeräumten Badestränden und den pittoresken Tavernen mit ihren üppig gedeckten Tischen.

In dieser Jahreszeit zeigt sich die Insel von einer ganz anderen Seite, wenn die Einwohner den kleinsten Sonnenstrahl aufsaugen, auf der Suche nach Wärme und Geborgenheit. Den Bewohnern, die sich nicht nach Athen oder Rhodos auf den Weg gemacht haben, sondern in ihrem Dorf geblieben sind, steht eine harte Zeit bevor, geprägt von Melancholie und dem Warten auf den nächsten Frühling.

Wenn Ende *Oktober* die letzten Strandlilien verblüht sind und die Ferienzeit so langsam zu Ende geht, versinken die Dörfer auf der Insel in die Einsamkeit und geraten in Vergessenheit.

Die Menschen finden nun wieder Zeit füreinander. Die männlichen Bewohner können sich endlich wieder im Kafenion mit ihren Freunden zum Kartenspielen treffen oder sich über Sport, Politik und Neuigkeiten von der Insel austauschen. Nach einigen Gläsern Ouzo tut es auch der härtesten Männerseele einmal gut, sich so richtig gehen zu lassen und die aufgestauten Gefühle in einem melancholischen Tanz zu befreien. Ihre Frauen sitzen derweil zu Hause und machen Handarbeiten. Stickereien für die anstehende Hochzeit einer Tochter, oder es werden Hosen geflickt – Arbeiten, zu denen sie im Sommer nicht gekommen sind.

Nach fünf Monaten Sonne ohne einen einzigen Tropfen Regen

ΚΑΦΕΝΕΙΟ
ΤΟ ΑΚΤΑΙΟ
ΝΙΚ. Α. ΠΡΩΤΟΠΑΠΑ

ΤΣΙΓ
CIGAR

ergießen sich die ersten Schauer meist sintflutartig über das Land, was oft zu Überschwemmungen führt. Die im Sommer ausgetrockneten Flußbetten werden schnell zu reißenden Strömen, die nicht ungefährlich sein können. Fast über Nacht sprießen überall zarte grüne Gräser aus der ausgezehrten Erde hervor, und wilde Blumen beginnen zu blühen. Die Insel verwandelt sich in eine bunte Welt und die im Sommer staubige Macchia erstrahlt in einem leuchtenden Grün.

Im *November* steht die dreiwöchige Olivenernte an, bei der „jede Hand" benötigt wird. Nun werden die Gewehre für die Jagd (gejagt werden Hasen und Rebhühner) geputzt, die ersten Holzfeuer angezündet und die Sommerkleider in den Schrank gehängt.

Ein grau bewölkter Herbsttag, an dem der Wind mit ungebändigten Atemzügen weht, treibt die Einheimischen fröstelnd in die dunklen Ecken der Häuser. Bald kündigen die unaufhaltsamen Stürme den nahenden Winter an und brüllend tobt das Meer gegen die kahlen Küsten. Die Tage der unaufhörlichen Wolkenbrüche, die auf die Insel herabstürzen, werden zahlreicher. Der Regen ist nun manchmal so dicht, „dass Fische darin schwimmen" könnten.

Die Adventszeit ist in einem südlichen Land nichts Besinnliches. Trotzdem gibt es im *Dezember* viel zu feiern, da eine Flut von Namenstagen anstehen, die für alle Griechen eine größere Bedeutung als Geburtstage haben. Für die Kinder ist der eigene Namenstag natürlich ein Höhepunkt, und so werden sie an diesem Ehrentag besonders festlich herausgeputzt.

Von großer Bedeutung ist der Namenstag des *Heiligen Nikolaos* am 6. Dezember. *Nikolaos* ist der Schutzpatron der Seefahrer. Eine Ikone des Heiligen fehlt sicher auf keinem griechischen Schiff.

In dem Namen *Nikolaos* stecken die griechischen Wörter *nik(a)o* für „siegen" und *laos* für „Volk". Und so feiern am 6. Dezember all diejenigen, die *Nikolaos, Niki, Nikos* oder *Nikoleta* heißen, zusam-

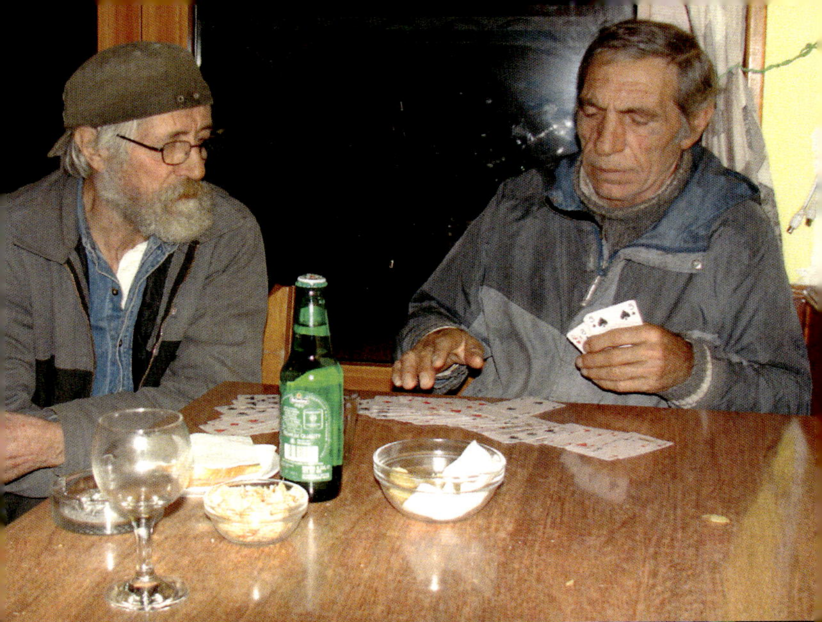

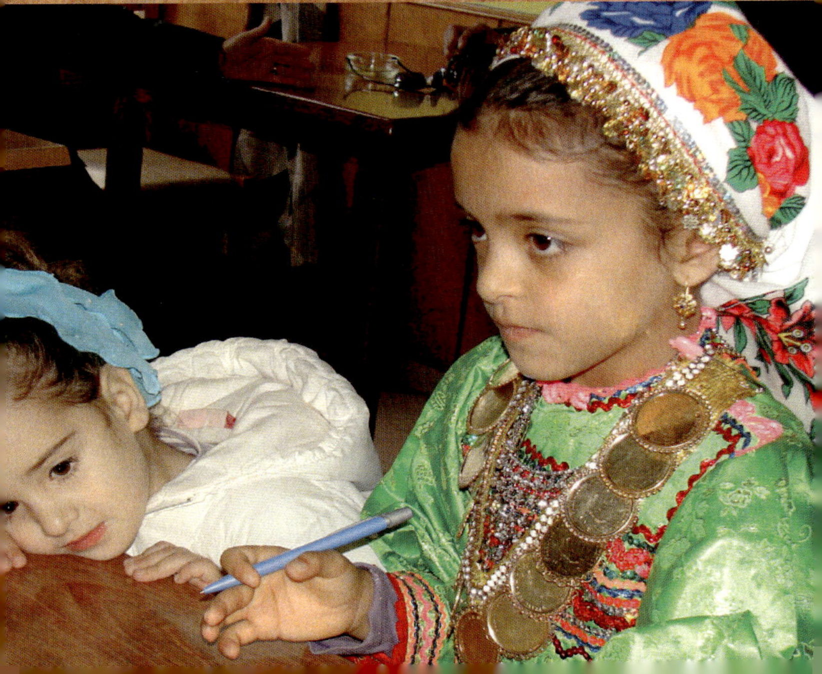

men mit zahlreichen Verwandten ihren Namenstag. Außerdem zelebrieren Hafenorte wie Diafani, Pigadia oder Finiki lokale Kirchenfeste mit Festmessen und Prozessionen.

An vielen Häusern wird jetzt die Weihnachtsbeleuchtung angebracht und in einigen Dörfern eine Krippe aufgebaut. Das ist mittlerweile ein internationaler Brauch geworden, wie auch das Aufstellen eines Weihnachtsbaumes.

Die zwölftägige, *Dodekaimero* genannte, Weihnachtszeit beginnt am 24. Dezember und ist von vielen alten Bräuchen geprägt. Vorausgegangen ist ihr eine Fastenzeit, die streng genommen 40 Tage dauern sollte. Viele reduzieren sie heutzutage aber auf wenige Tage vor dem Fest. Geschenke gibt es am 24. Dezember nicht, sondern erst am 1. Januar. Gebracht werden sie von dem *Heiligen Vassilis*, dessen Namenstag auf diesen Tag fällt.

Am 24. Dezember gehen die Kinder ab sieben Uhr morgens von Haus zu Haus und tragen – von Triangeln begleitet – alte Gesänge, die *Kalandes,* vor und lassen sich dafür mit Süßigkeiten und einigen Münzen belohnen.

In den Öfen werden am Nachmittag die Christbrote gebacken. Später wird in der noch heißen Glut Weihrauch entzündet. Viele Familien lassen nach dem Abendessen den Tisch unaufgeräumt, gemäß dem weit verbeitenden Glauben, dass Christus kommen und etwas essen wird. Nach der Mahlzeit verbrennt man im Ofen einen alten Schuh. Der Rauch soll herumschweifende *Kalikantzari*, das sind rotäugige, behaarte und boshafte Kobolde vertreiben, die allerhand Unheil anrichten können.

An 25. Dezember steht natürlich das Namenstagsfest für alle an, die *Christos, Christina* oder einen anderen Namen haben, der sich auf den Erlöser bezieht.

Die Feiertage verbringen die Einheimischen meistens im Kreise der Familie. Niemand geht in Griechenland in die Kirche, da Weihnachten einen deutlich geringeren Stellenwert als Ostern oder die großen Marienfeste hat.

Bedeutende Namenstage im Winter

Dezember
04. Barbara
06. Nikolaos / Nikos / Niki
09. Anna
12. Spiridon / Spiros
15. Elefterios / Elefteria / Lefteris
22. Anastasios / Anastasia
24. Evgenios / Evgenia
25. Christos / Christina / Chrisa
26. Emanuel / Manolis / Manos

Januar
01. Vassilis
06. Fotini / Fotis / Theofanis
07. Ioannis / Ioanna
10. Gregorios
15. Pavlos
17. Antonios / Antonia
18. Athanasia / Athanios
19. Makarios
22. Timotheos / Anastassia

Februar
03. Stamatis
04. Issidoros
07. Loukas
21. Timotheos

Am 31. Dezember backen die Frauen auf der Insel einen Kuchen, in dessen Teig sie eine Silbermünze stecken. Wer die Münze beim Verzehr findet, wird im neuem Jahr besonders großes Glück haben.

Trotz durchwachter Nacht von Silvester auf Neujahr müssen die Menschen am nächsten Tag wieder fit sein, da mit *Vassillis* gleich einer der am häufigsten vorkommenden Namen auf den 1. Januar fällt und das Feiern unvermindert weiter geht.

Namenstage können in Griechenland wirklich sehr anstrengend sein, da jeder Bewohner bestimmt fünf oder sechs Freunde und Bekannte hat, die die oft vorkommenden Namen *Jannis* oder *Nikos* haben. Es wird natürlich erwartet, dass man zu jeder Party kommt.

An diesem Ehrentag überreicht man Blumen (auch den Männern), eine Flasche Wein oder eine andere Kleinigkeit. Im Laufe des Tages muss man selbstverständlich gemeinsam auch noch die Kirche oder Kapelle besuchen, die dem oder der Heiligen geweiht ist.

Noch im Dezember können an einigen wenigen Tagen die Mittagstemperaturen zwischen 15 und 20 Grad betragen – das noch warme Meer lädt zum Baden ein. Im *Januar* und *Februar* ist es jedoch ungemütlich kalt auf Karpathos und die Temperaturen sinken in den einstelligen Bereich, gelegentlich wird es auch einmal „frostig", allerdings nie länger als ein oder zwei Tage. Dazu peitschen Stürme oft tagelang um die Häuser herum, die einen totalen Stromausfall ganzer Dörfer verursachen können. Die Wellen an der Ostküste können bis zu 10 Meter hoch werden und man wartet vergeblich auf die Fähre, die Lebensader der Insel. Nichts aber auch gar nichts erinnert an das sommerliche Karpathos.

Anfang *März* begrüßen die ersten Zikaden das wieder wärmer werdende Sonnenlicht. Das Frühjahr beginnt. Nun ist es mild und wunderschön, wenn sich an vielen Stellen ein Paradies aus Blumen auftut. Nachts kommt nun öfters mit einer leichten Brise ein sanfter Regen, über den sich die Bewohner sehr freuen. Langsam beginnen die Vorbereitung auf Ostern, den höchsten Feiertag, und schon bald betreten die ersten Touristen die Insel ...

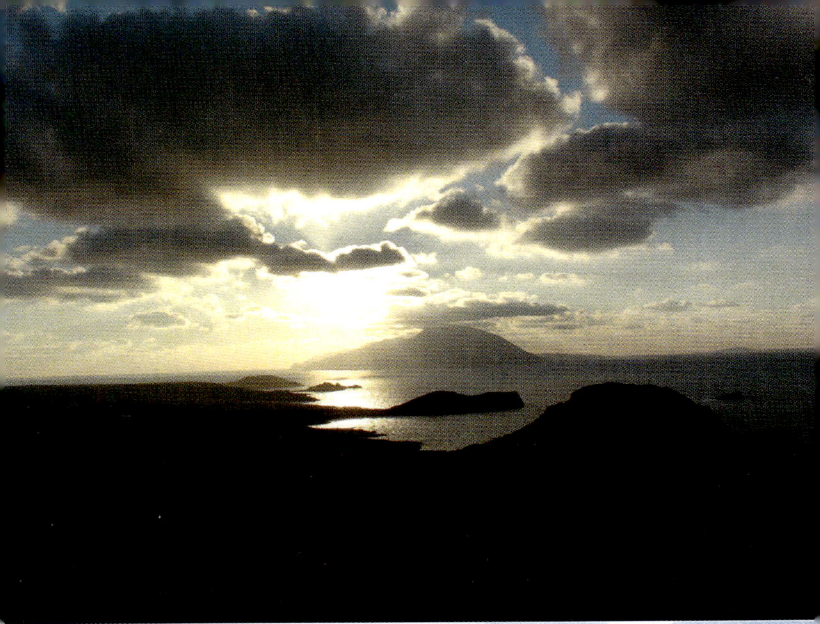

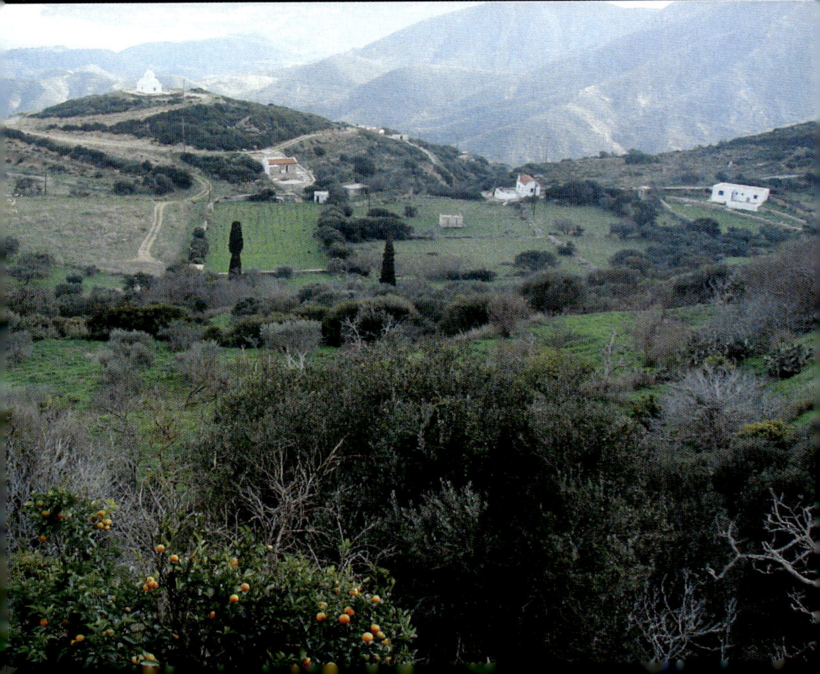

Wasserweihe

Die *Große Wasserweihe* gehört zu den eindrucksvollsten Festtagen des orthodoxen Kirchenjahres und ist der Höhepunkt der *Epiphanie*-Feier (Erscheinung des Herrn) am 6. Januar.

Die Wasserweihe erinnert an die Taufe Jesu im Jordan und gilt als symbolische Weihe der gesamten Natur und der Schöpfung.

Dieser Tag ist in ganz Griechenland ein gesetzlicher Feiertag und steht in der Liste der bedeutenden Feiertage zusammen mit Ostern und den Marienfesten an vorderer Stelle.

Auf Karpathos sind an diesem Tag in den Küstenorten *Arkassa*, *Pigadia*, *Finiki* und *Diafani* alle Inselbewohner von früh an auf den Beinen.

Nach der heiligen Liturgie, die am Morgen in der Kirche oder auch direkt am Meer stattfindet, wirft der *Papas* des Dorfes ein goldenes Kreuz in das Wasser, nach dem die mutigsten Gläubigen, meist die jüngeren männlichen Dorfbewohner, ungeachtet der Jahreszeit bei eisigen Wassertemperaturen (gerne in voller Montur) tauchen.

Wer das Kreuz vom Meeresgrund fischt, erhält den Segen der Kirchengemeinde und wird im neuen Jahr unter dem besonderen Schutz des Herrn stehen.

Die Anwesenheit aller gläubigen orthodoxen Christen des Dorfes bei dieser Zeremonie und der feste Willen, das Kreuz aus dem Wasser zu holen, symbolisiert für die Menschen den tiefen Glauben an Jesus Christus und die wahre Überlieferung der Taufe.

Es ist aber für die Menschen der Ägäis, deren Leben seit Urzeiten vom Element Wasser schicksalhaft abhängig ist, ein ebenso symbolisches Ritual, dieses zu segnen und zu ehren und sich gemeinschaftlich daran zu erinnern, die Schöpfung Gottes zu achten und zu wahren.

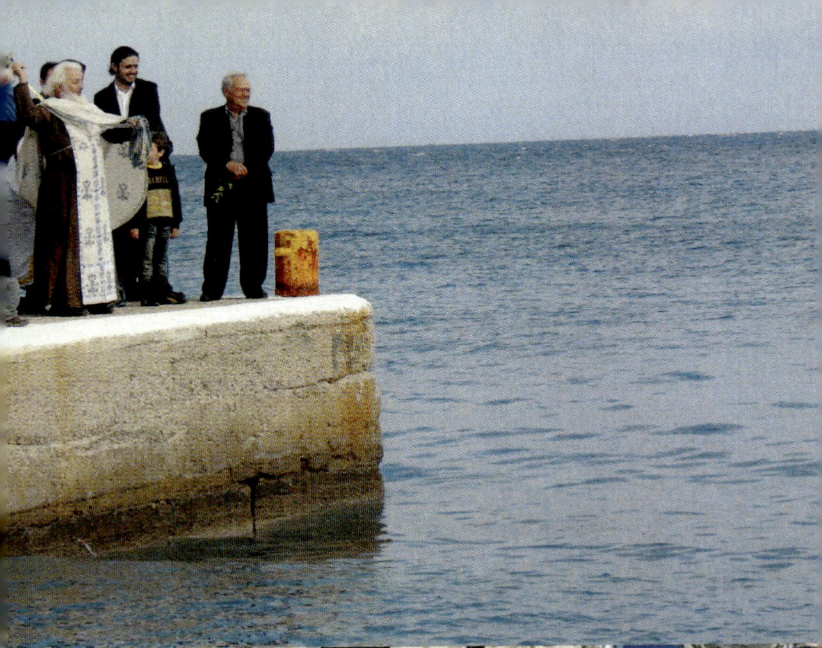

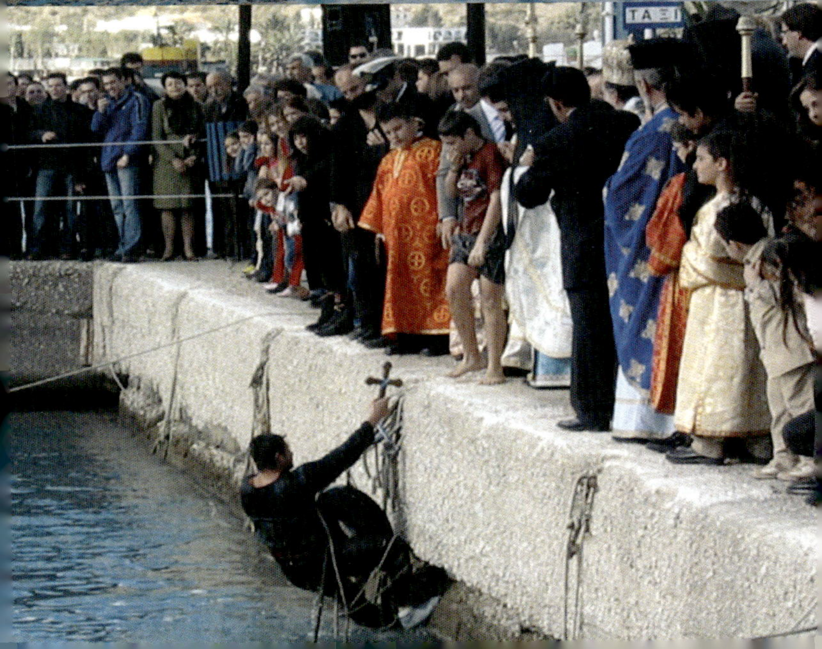
ΤΑΞΙ

To Karavi –
oder der lange Abschied von Diafani

»Im *Corali* gibt es heute zum Abschied *Palamides*« verspricht uns *Nikos Orfanos*, nachdem wir bei ihm die Karten für die Fähre gekauft haben, die um 22:30 Uhr auslaufen soll. Es ist unser letzter Tag auf Karpathos. Nach den rauhen und stürmischen Winterwochen auf der Insel wollen wir noch einige Zeit lang den *Dodekanes* hinauffahren, um dann in Samos unsere zweimonatige Reise zu beenden.

Wir freuen uns auf das gemeinschaftliche Abschiedsessen in Diafani, auch weil wir Jorgos bei dem ergiebigen Fang der kleinen Thunfische geholfen haben.

Im Corali erwartet uns eine reichlich gedeckte Tafel. An den Winterabenden haben die Menschen viel Zeit, und so versammelt sich das halbe Dorf immer wieder zum Fischessen. In diesen Monaten sind lediglich zwei Tavernen und das Kafenion von *Anna* geöffnet. Um so mehr bemühen sich die Wirte, in diesem Fall *Michalis* und *Popi*, um das Wohlergehen der Gäste.

Es wird ordentlich gezecht, aus dem Radio ertönt lautstarke Musik aus Kreta und irgendwann hält es Nikos nicht mehr aus: mit einer resoluten Armbewegung räumt er den vollen Tisch ab. Schüsseln, Teller und Gläser zerbrechen auf dem Boden und schon steht er auf dem Tisch und fängt zu tanzen an.

Entgeistert kommt die zierliche Popi herbeigelaufen, sprachlos hält sie sich die Hand vor den Mund und kann nicht fassen, was da alles auf dem Boden liegt. Energisch schreitet ihr Mann Michalis daher und versucht Nikos zur Rede zu stellen, der ganz auf den Tanz konzentriert ist. Er ist aber nicht mehr ansprechbar und alles andere scheint für ihn nicht zu existieren. Die Wirtsleute ziehen sich resigniert zurück und überlassen alles seinem unvermeidlichen Gang …

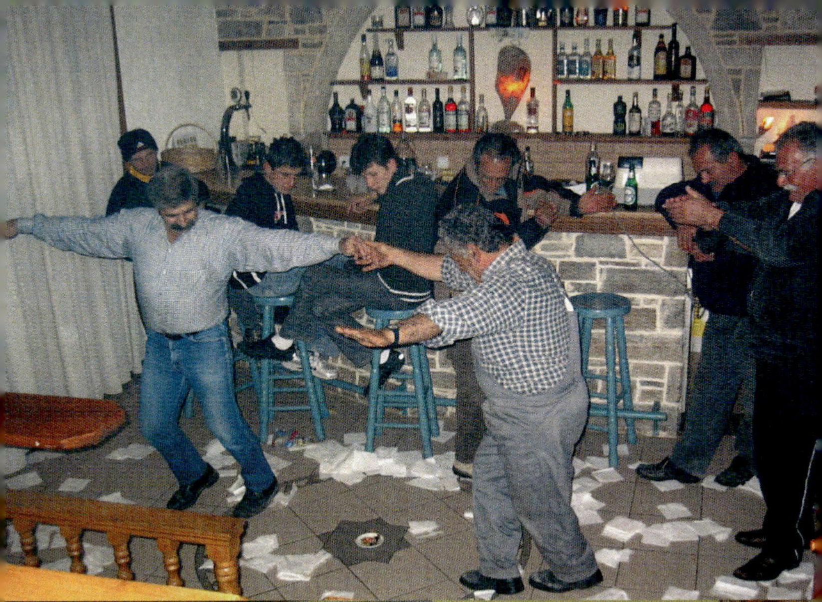

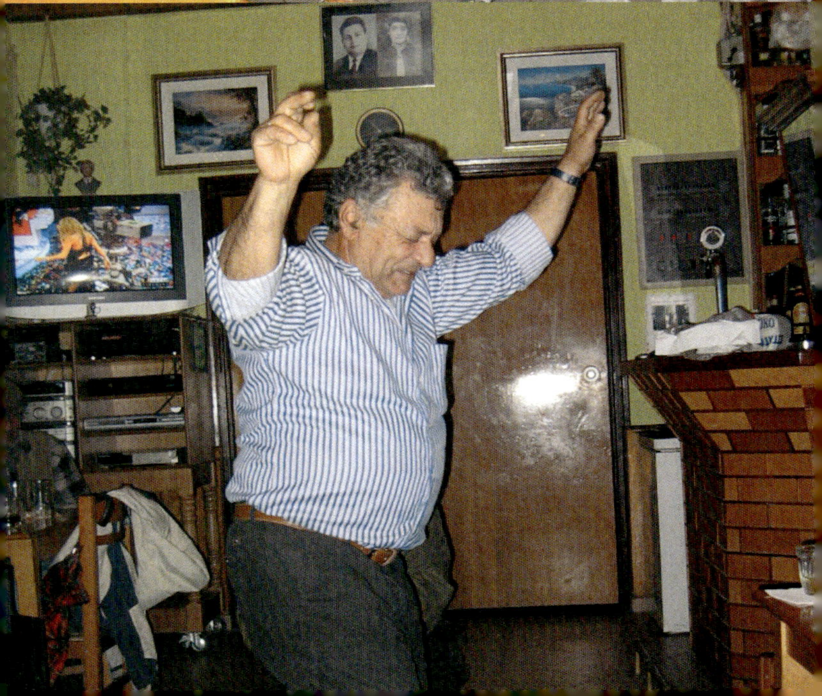

Die Speisereste werden zusammengekehrt, die Scherben sind vergessen und bald tanzt auch der Wirt Michalis.

Irgendwann fragen wir Nikos nach der Ankunft der Fähre, doch der antwortet nur, dass diese heute später eintreffen wird. Wir denken uns, dass er es wissen muss, da er ja der Inhaber des Reisebüros ist und uns die Tickets verkauft hat und bei der Ankunft des Schiffes am Hafen sein muss.

Das Fest ist in vollem Gang. Kurz vor 22:30 Uhr schauen wir dann doch einmal aufs Meer hinaus und sehen, wie sich die Fähre in voller Beleuchtung dem Hafen nähert. Wir laufen ins Corali und rufen »to *Karavi!*« (das Boot). Niemand zeigt besonderes Interesse für unsere Aufregung, was uns verdächtig vorkommt, und so verabschieden wir uns in aller Eile, holen unsere Rucksäcke und sputen uns, in Richtung Hafenstraße zu kommen, um gleich zu sehen, wie die Fähre in Richtung Rhodos davonschippert.

Ja, das war es dann wohl für die nächsten Tage. Im Corali geht es weiter, als wäre nichts passiert, schliesslich kommt ja in vier Tagen wieder ein Schiff. Ich spreche den Fischer Jorgos auf das versäumte Boot an. »*To Karavi*«, meint er spottend, untermalt mit einer verächtlichen Handbewegung, so als wollte er sagen, das ist aber jetzt wirklich das Unwichtigste überhaupt.

Als wir am nächsten Vormittag ins Kafenion von Anna kommen, werden wir von der erst halb ausgenüchterten Gesellschaft wie zwei Neuankömmlinge gefragt, ob wir »*proti forá*«, das erste Mal, auf Karpathos wären und dass wir uns nicht so anstellen sollen. Den Spott ertragend, freuen wir uns über die neu gewonnenen Freunde.

Nikos gesteht uns später, dass ihn der Spass in jener Nacht eine saftige Strafe gekostet hat, weil er nicht am Hafen erschienen ist und die Fähre nicht anlegen konnte. Aber er meinte, es wäre doch für alle ein schöner Abend gewesen.

Marina, die Frau von Nikos, war an dem besagten Abend auf Kreta, um Verwandte zu besuchen. Als sie später das Hemd ihres Mannes aus der Waschmaschine holte, stellte sie fest, dass alle Knöpfe fehlten und wollte wissen, was da passiert sei.

Nikos war ratlos, er konnte sich an nichts erinnern und blieb ihr eine Erklärung schuldig. Als er später die Fotos von dem Fest sah, erinnerte er sich wieder und beichtete, dass sein Freund Lambros das Hemd mit einem Ruck vorne aufriss, sodass alle Knöpfe wegflogen, als beide beim Tanzen in voller Ekstase waren. Marina schüttelte nur den Kopf, da sie ihren Mann nur zu gut kennt …

Sepp Heiss

Surfers Paradise

In anderen Surfrevieren muss man auf den Wind warten – hier auf Karpathos wartet der Wind auf Dich!
Rob Doot Smart

Speedsurfen ist nichts für Warmduscher oder unausgeschlafene Schöngeister, denn der griechische Windgott Äolus verlangt seinen begeisterten Jüngern heulend und pfeifend alles ab, bis deren Hände und Füße geschunden und mit Schwielen gezeichnet sind – die Welt fernab der Flaute ist hart!

Seit 1992 ist Karpathos, genauer *Afiartis* ganz im Süden der Insel, ein Geheimtipp der Surfer Community. Hier gibt es nicht nur die meisten Starkwindtage Griechenlands, die Windstatistik des Reviers liegt in der Weltrangliste sogar ziemlich weit vorne. Der Grund hierfür ist die Insellage, die sich in einer der Hauptachsen der Meltemiströmung befindet und durch einen Leitplankeneffekt der Nord-Süd verlaufenden Gebirgkette verstärkt wird, was zu enormen Geschwindigkeiten führt. So entstehen in Stärke und Dauer einmalige Windbedingungen.

Im Juli und August bläst der Nordwestwind Tag und Nacht ungebremst mit sechs bis neun Beaufort über Afiartis hinweg. Ideale Bedingungen also, zum *halsen, heizen, hüpfen, Rodeo reiten, tricksen* und *springen*. Wer sein Brett und sich ausreizen will, ist hier richtig!

Zur Auswahl stehen dem Surferherz fünf Spots, die vom Anfänger bis hin zum Profi alle Anforderungen erfüllen:

Devils Bay – wie der Name schon ahnen lässt, bläst es hier durch einen Düseneffekt und ablandigen Wind extrem stark, sozusagen „teuflisch". Nur die mutigsten Surfprofis kämpfen hier mit ihrem Segel und ums nackte Überleben.

club mistral
TRAVELS THE WORLD
CHICKENBAY STATION ▶

club mistral
TRAVELS THE WORLD
MAIN STATION

Chicken Bay – ein Revier für Einsteiger. Hier finden die Schulungsprogramme der drei Surfstationen statt. Wenn man sicher auf dem Brett steht, kann man von hier aus durch einen 300 Meter breiten Kanal zur Devils Bay und Gun Bay gelangen.

Gun Bay – Flachwasser mit viel Platz zum Üben.

Luv Spot 1 – Sandstrand mit glasklarem Wasser. Der Wind ist um ein bis zwei Beaufort schwächer als an den erstgenannten Bays. Das Revier ist trotzdem nicht ganz ungefährlich, da weiter draußen eine Strömung und ein Riff auf den (unvorsichtigen) Surfer warten.

Luv Spot 2 – Idyllischer Geheimtip etwas außerhalb. Nur für absolute Individualisten zu empfehlen, da die Ausrüstung über einen Felsen hinuntergetragen werden muss. Die Beherrschung des Wasserstarts bei allen Bedingungen sollte hier zum Pflichtrepertoir gehören. Ein materialverschleißendes Riff wartet auf Unvorsichtige. Nur Profis zu empfehlen!

Afiartis beheimatet mehrere Surfstationen, bei denen man eine Ausrüstung für alle Stufen des individuellen Könnens erwerben oder mieten kann. Wer seine eigene Ausrüstung mitbringen möchte, kann sie dort auch lagern. Einsatzbereite Rettungsboote befinden sich übrigens an der *Club Mistral Station* und am *Pro Center* von Chris Schill. Viel Spaß!

Übrigens: Jedes Jahr im Hochsommer ist Afiartis für die Profis des Speed Surfings ein ebenso beliebter Stop ihrer Internationalen Grand Prix Tour wie für die Motorsportfans der Nürburgring oder Monza sind. In den Jahren 2008 und 2009 wurde in der Devils Bay bei den ISWC (International Speed Windsurfing Class) Welt- und Europameisterschaften die schnellsten Männer und Frauen der Starkwindfans gesucht und auch gefunden.

Zum Killen bereit?

Windsurfer haben wie alle Sportler eine eigene Sprache. Testen Sie doch einmal, ob Sie die Tauglichkeit für die *Chicken Bay* oder sogar für die *Devils Bay* besitzen.

Was bedeutet

(1) dichtholen?   (2) fieren?   (3) backhalten?
(4) anluven?   (5) killen?   (6) schiften?
(7) krängen?   (8) abtriften?   (9) kreuzen?
(10) querab?   (11) wenden?   (12) halsen?

( ) Ein Manöver: das Heck dreht durch den Wind.
( ) Den Winddruck aus dem Segel nehmen.
( ) Das Segel wird gegen den Wind gehalten.
( ) Ein nicht „voll" stehendes Segel.
( ) Eine Richtungsänderung zum Wind hin.
( ) Das Wechseln des Segels auf die andere Seite.
( ) Die seitliche Neigung eines Surfbretts um die Längsachse.
( ) 90° zur Fahrtrichtung.
( ) Das Segel mit Wind füllen.
( ) Im Zick-Zack-Kurs gegen den Wind ansegeln.
( ) Ein Manöver: der Bug dreht durch den Wind.
( ) Die seitliche Versetzung durch Wind und/oder Strömung.

Auflösung auf Seite 159

0- 2 Richtige =   wandern Sie lieber, Karpathos hat tolle Monopati
3- 5 Richtige =   Sie haben Flachwasser- / Hühnerbuchtpotential
6- 8 Richtige =   unerschrockener kaltduschender Riffexperte
9-10 Richtige =   worauf warten Sie, Sie sind der Starkwindteufel

Heiliges Brot

Artos heißt das ungesäuerte, kräftig gewürzte Brot, das nach einem uralten überlieferten Rezept für die Passionstage, den Karfreitag und das große Fest der Auferstehung von den Frauen auf Karpathos gebacken wird. Nach der Heiligen Messe segnet es der Papas nach einer jahrhundertealten Zeremonie und versieht es mit dem orthodoxen Kreuzzeichen. Im Anschluss daran wird es an die Gläubigen verteilt.

Viele der Karpathospilger, die an Ostern in ihr Heimatdorf gekommen sind, Menschen aus Athen, New York oder Baltimore, nehmen es zu ihren Verwandten mit nach Hause — es ist das Symbol christlicher Gnade, das Symbol ihrer fernen Heimat.

In den abgelegenen Dörfern der Insel backen viele Frauen das ganze Jahr über das Brot für ihre Familien. Es wäre für sie undenkbar, dieses Grundnahrungsmittel im Laden zu kaufen, das gerne als Gemüse- oder Fischbeilag oder einfach nur in Öl getaucht, zusammen mit Schafskäse und Oliven gegessen wird.

Am frühen Morgen wird der Brotteig, der aus Weizen-/Gerstemehl, Wasser, Sauerteig besteht, gewürzt und solange geknetet und geschlagen, bis er seine gewünschte Konsistenz hat.

Dann muss der Teig eine Stunde aufgehen. In der Zwischenzeit entfachen die Frauen mit Olivenzweigen das Feuer im Backofen. Nachdem die heruntergebrannte Glut die richtige Temperatur hat, werden die geformten Brotlaibe mit langen Stangen in das Feuer geschoben und schon bald riecht es in den Gassen des Dorfes nach frisch gebackenem Brot.

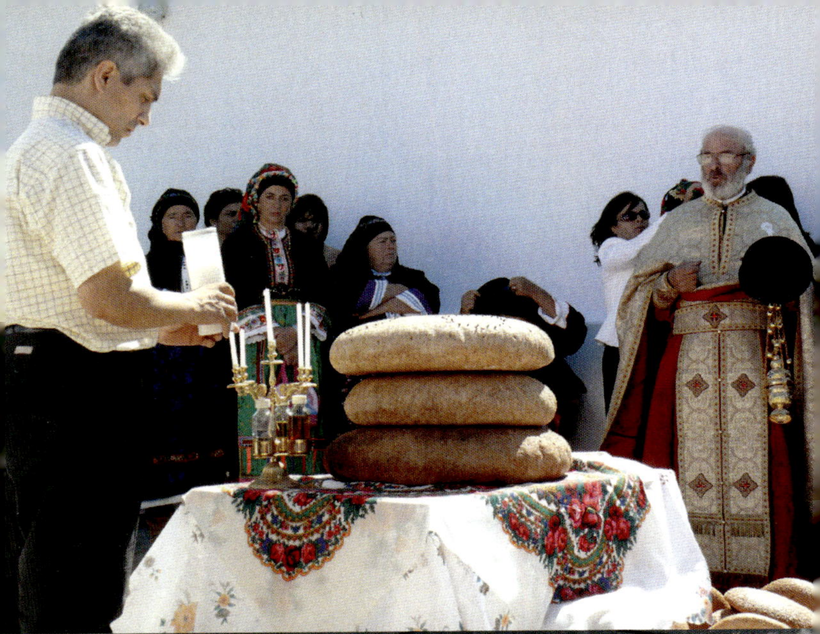

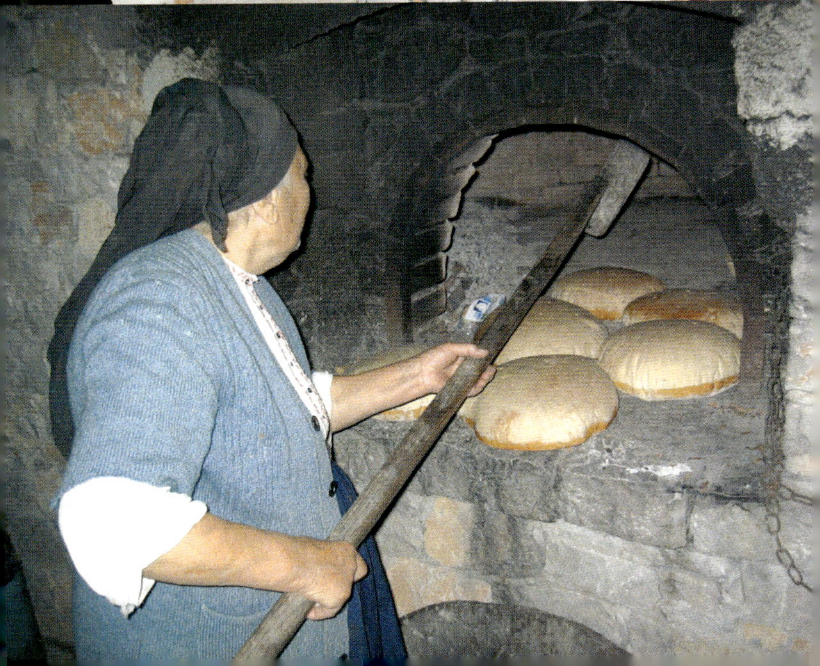

Ein Himmel voller Wünsche

Kali Kardia – „das gute Herz" nennt sich *Thanassis*, „der Mann von der *Lastos-Alm*", und das ist nicht überheblich oder selbstgefällig gemeint – es stimmt tatsächlich. Thanassis steht jedem Gast zu jeder Zeit mit Rat und Tat zur Seite.

So sollte man Thanassis unbedingt vor dem Beginn einer größeren Wanderung oder einer *Kali Limni*-Besteigung befragen, wie sich die Wetterverhältnisse entwickeln und wieviel Zeit man für den geplanten Weg einkalkulieren soll.

Es ist hier oben nicht ungefährlich, da sich das Wetter innerhalb einer halben Stunde verändern und die ganze Alm unter einer Wolkendecke verschwunden sein kann. Verlassen Sie sich auf seine Aussage, Thanassis kennt jeden Stein und jeden Pfad auf seiner Alm!

Die Lastos-Alm liegt auf einer rund 800 Meter hohen Ebene, besitzt fast alpinen Charakter und wird heute nur noch sporadisch von Hirten aus *Volada* genutzt. Sie ist ein idealer Ausgangspunkt für atemberaubende Wanderungen durch die Inselmitte. Zum Beispiel ist es möglich, von hier aus am Gipfel des *Kali Limni* vorbei bis nach *Lefkos* oder auf einem anderen wunderschönen *Monopati* bis nach *Spoa* zu wandern.

Der von Thanassis zu einer pittoresken Taverne umgebaute *Stavros,* der einst seiner Großmutter gehörte, ist ein echtes Kleinod, das man unbedingt gesehen haben sollte, wenn man fernab der in

TAVERNA
"ASTU H
KALI·LIMNH"
H KALI KARDIA
THΛ 31304
6976876685

der Hauptsaison heißen und überfüllten Strandsiedlungen einmal etwas Abkühlung und Ruhe sowie einen Hauch vom längst schon verloren geglaubten Inselgefühl vergangener Jahrzehnte erleben möchte.

Thanassis bietet gerne die von ihm mit viel Liebe zubereiteten einfachen Gerichte an, deren Zutaten immer frisch sind und je nachdem was die Jahreszeit gerade hergibt, direkt aus seinem Garten kommen.

Man darf hier fernab der Zivilisation natürlich keine große Auswahl erwarten und sollte ruhig einmal probieren, was „der Chefkoch" empfiehlt. Zur Verdauung gibt es meistens noch einen selbst gebrannten Obstschnaps, nach dessen Genuss man sich prima in der idyllischen Hängematte oder im Pool „Marke Eigenbau" erholen kann, bevor man die Heimfahrt in den gewählten Ferienort riskiert.

Ein besonderes Erlebnis ist es, einmal in einem der preiswerten Fremdenzimmer zu übernachten. Nachdem die letzten Besucher die Lastos-Alm verlassen haben, herrscht pure Einsamkeit. In völliger Ruhe kann man die erlöschende Glut der Sonne beobachten. Das Erscheinen des Abendsterns kündigt an, dass es hier oben bald sehr kühl sein wird. und eine unvergessliche tiefschwarze Nacht bricht an.

Eine Nacht auf der Lastos-Alm beschenkt den Betrachter mit einem *Tausend-Sterne-Erlebnis*, das er kaum für möglich gehalten hätte. Um das Glück perfekt zu machen, muss er nur noch auf ein paar Sternschnuppen warten. Nachdem man sich etwas gewünscht hat, kann man sich im *Null-Sterne-Zimmer* des ehemaligen Stalls zur Ruhe begeben und in das Land der Träume abtauchen.

So eine einsame, idyllische Unterkunft, ohne Handynetz und warmes Wasser, ist ein archaisches Inselerlebnis, welches man in dieser Form wohl nur noch bei Thanassis, dem „guten Herz", erfahren kann.

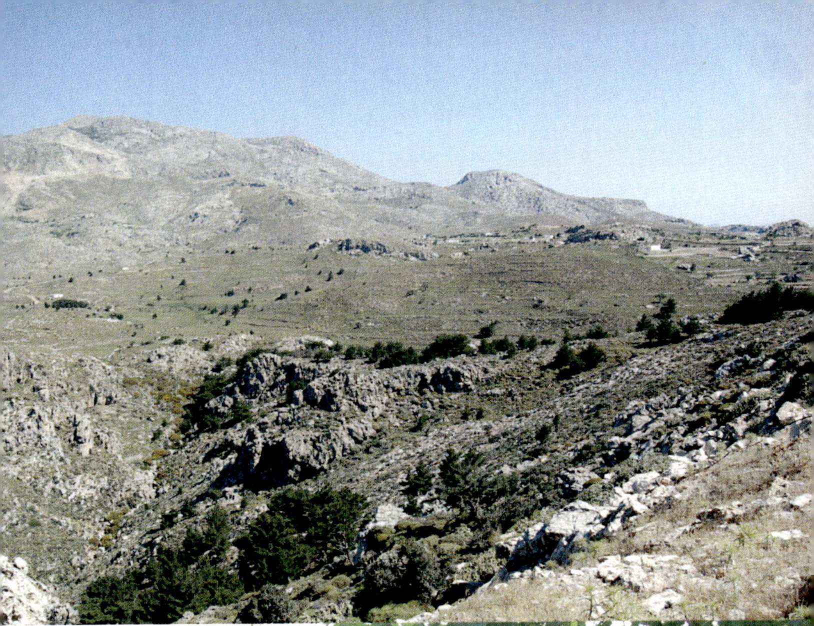
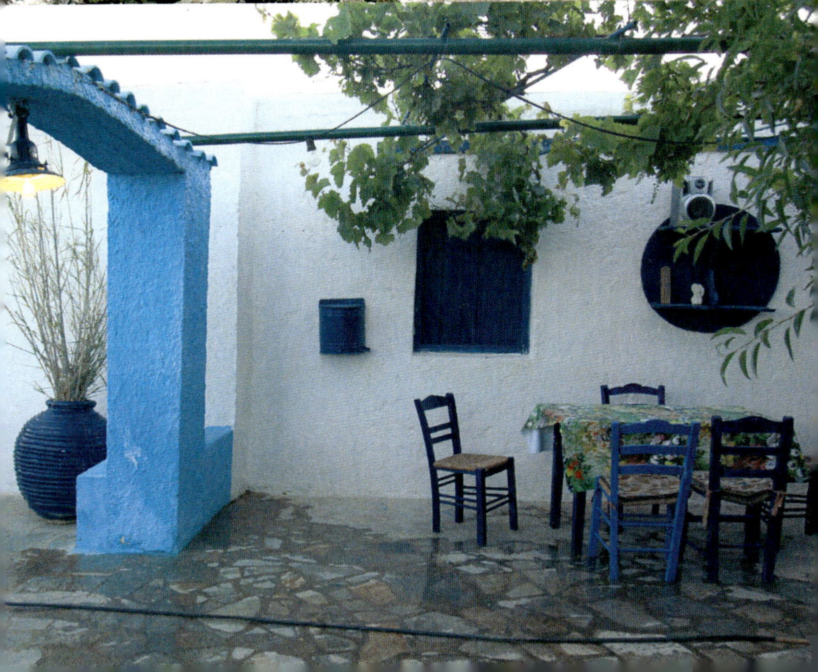

Verlassene Erde

Saria

Saria, das gebirgige und kahle „Änhängsel", das von Karpathos nur durch eine gut 100 Meter breite Meerenge, dem *Steno,* getrennt ist, ist knapp 8 Kilometer lang und 4,5 Kilometer breit.

In der Antike herrschte auf Saria ein blühendes Leben. Das Zentrum war die Stadt *Nyssiros*, wie *Strabon* in seinen Werken berichtet. *Nyssiros* war zu dieser Zeit eine der vier wichtigsten Städte der Region. Die Ruinen dieser Stadt wurden mittlerweile vom Meer eingenommen und liegen am Meeresboden in Strandnähe. Aus dieser Zeit erhaltene Marmorinschriften berichten über die Existenz eines Tempels zu Ehren des Gottes *Poseidon*.

Auch im Norden der Insel, in der Region *Argos,* finden sich Ruinen antiker Siedlungen. Hier war die Kornkammer der Insel, da in der Antike das Wasser noch nicht knapp war. Die Überreste zahlreicher Terrassenfelder zeugen davon.

Das Dorf war noch bis in die nahe Vergangenheit bewohnt. Die letzten Einwohner verließen den Ort erst in den 50er Jahren des letzten Jahrhunderts.

Auch im östlichen Teil von Saria sind Palastruinen ausgegraben worden. In der Nahe dieser Paläste erstrecken sich sehenswerte Ausflugsziele und kleine reizvolle, völlig unberührte, allerdings fast schattenlose Strände.

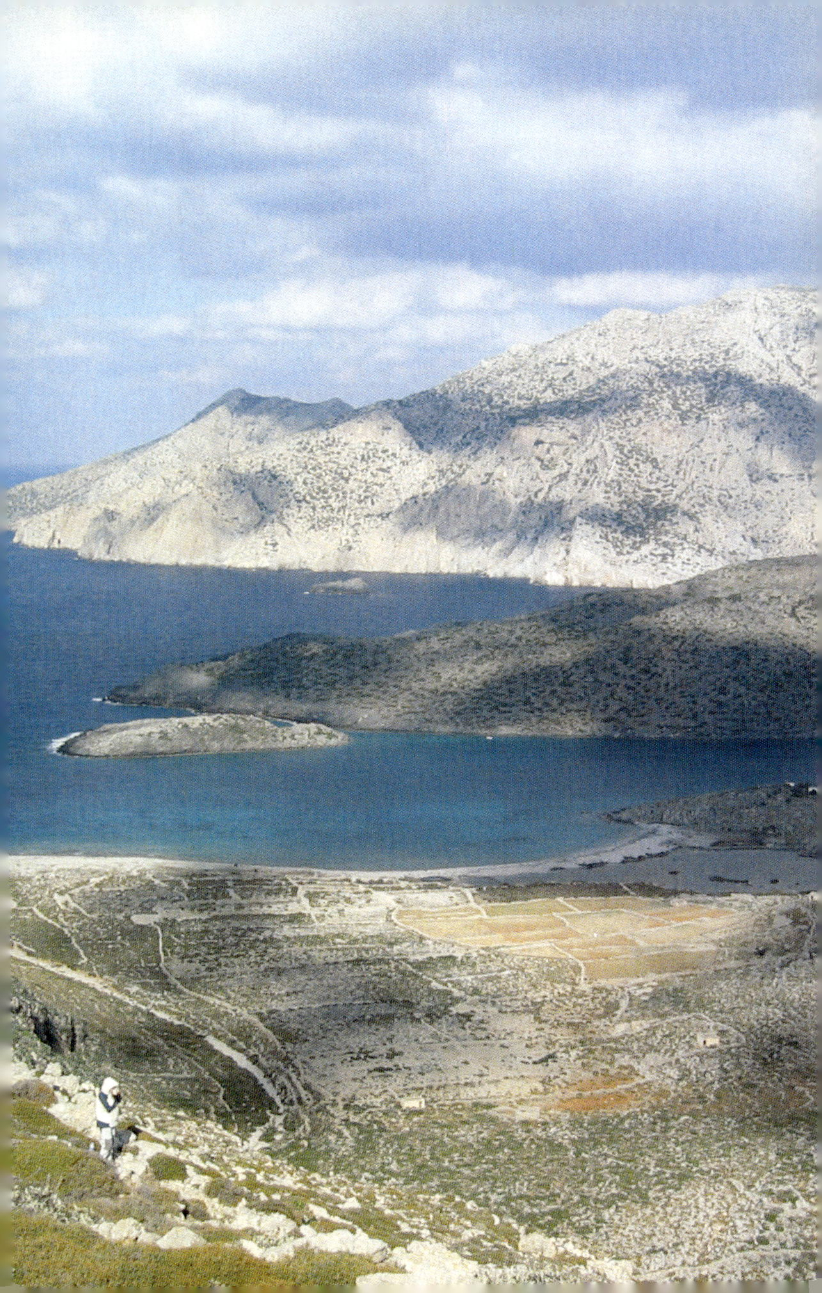

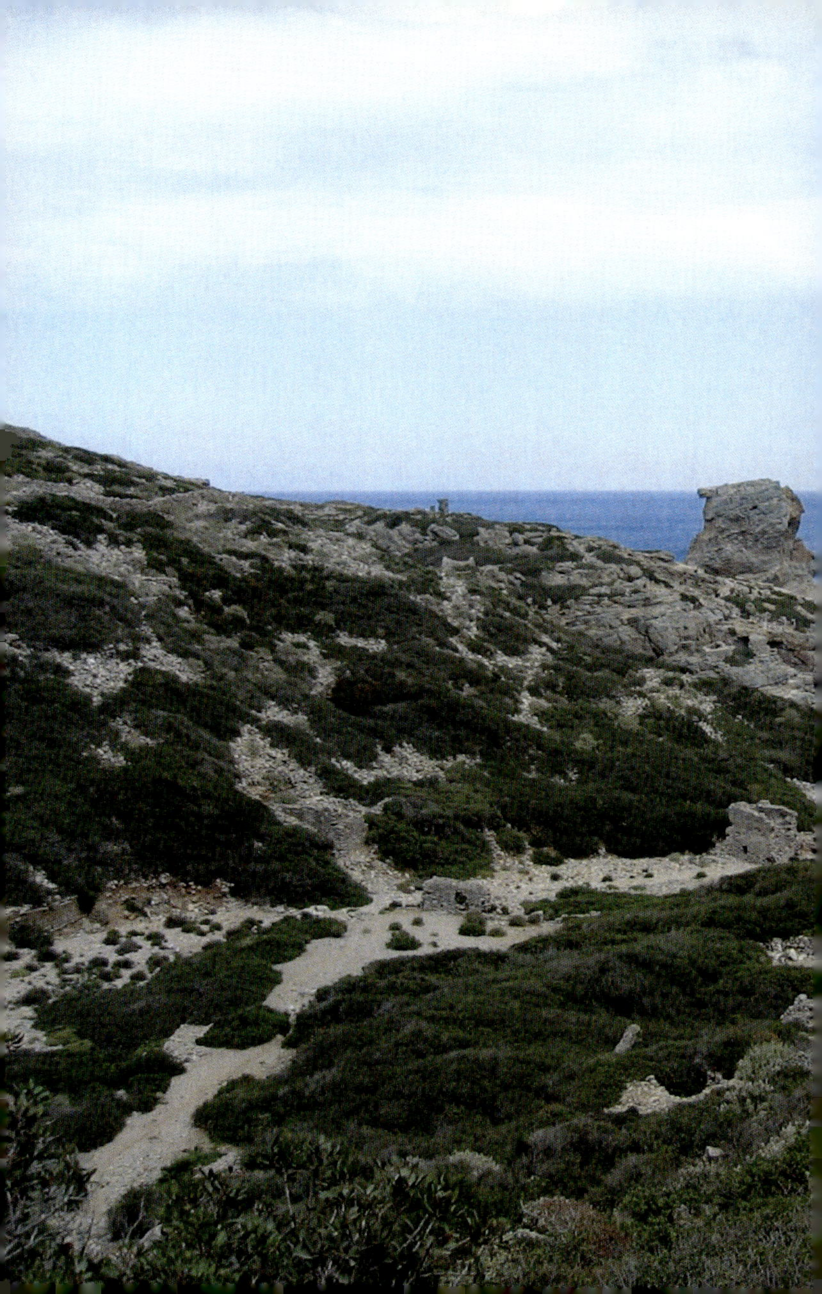

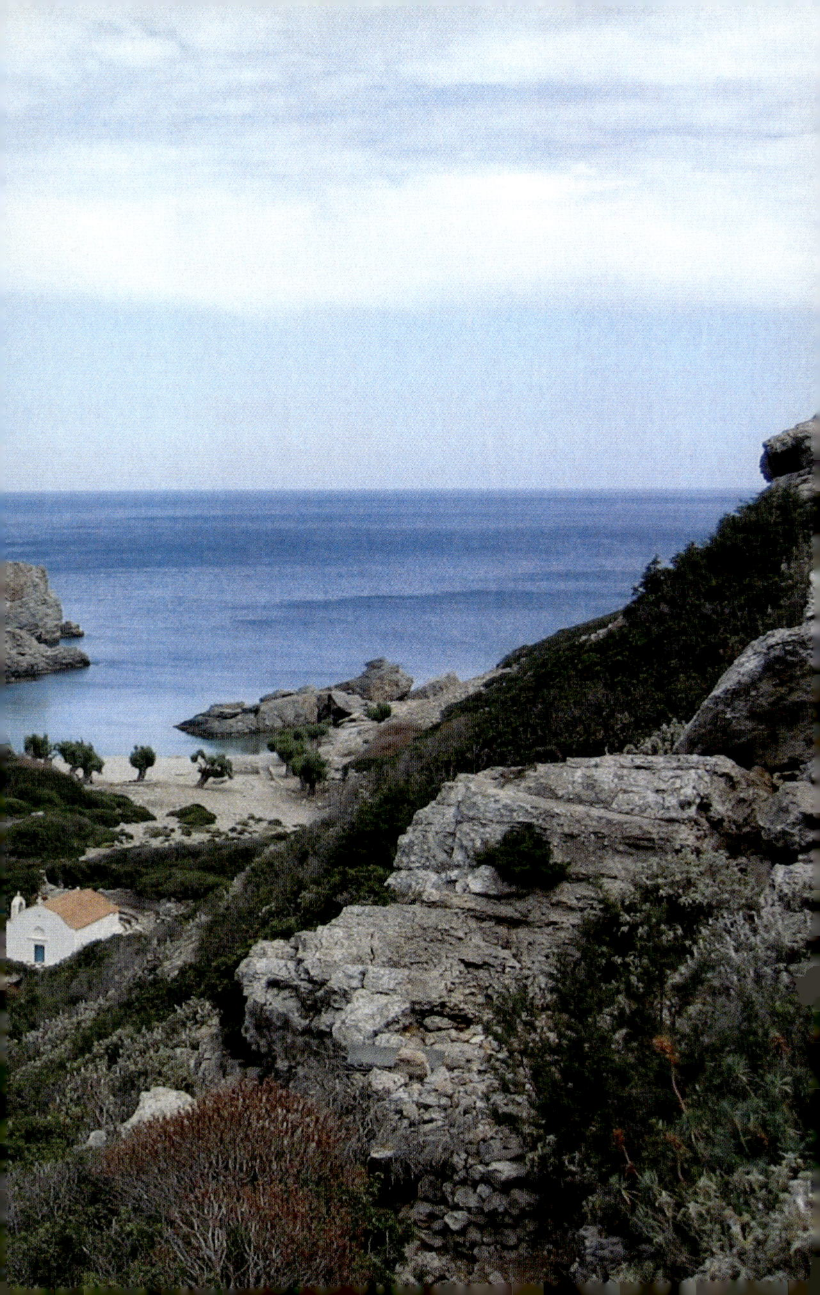

Im Mittelalter war Saria ein berüchtigter Stützpunkt syrischer Piraten. Das Eiland wurde als Sammelstelle für Sklaven genutzt. In der Bucht von *Palatia* gibt es noch Reste eines gemauerten Beckens zu sehen, in dem die Sklaven vor ihrem Verkauf getauft wurden, da durch die „Christianisierung" ein höherer Verkaufspreis erzielt werden konnte.

Heute wird Saria nur noch als Weideland für Schafe und Ziegen genutzt. Die Bewohner von Diafani und Olympos füllen die Tränke für die Tiere zwei bis dreimal im Monat auf. Das Wasser dafür wird in Zisternen gesammelt, die der reiche Winterregen gefüllt hat.
 Wer einmal das pulsierende Leben auf Saria erleben möchte, hat dazu dreimal im Jahr Gelegenheit, wenn die Inselfeste *Agios Panteleimos* (27. Juli an der Westküste), *Agios Zacharias* (5. September) und *Agia Sofia* (17. September an der Bucht von Palatia) stattfinden.

Ausflüge nach Saria organisiert *Nikos Orfanos* in Diafani!

Tristomo

Tristomo befindet sich im äußersten Norden von Karpathos und ist das abgelegenste Dorf der Insel. Es liegt am Ende einer Bucht an einem natürlichen Hafen, der drei Öffnungen hat. Daher auch der Name, der vom griechischen Ausdruck für „drei Münder" stammt.

Nur wenige Menschen leben hier das ganze Jahr über. Es gibt keine Straße zum Dorf, keine Elektrizität, kein fließendes Wasser, keine Restaurants und keine Unterkünfte. Die friedlichen und ruhigen Eindrücke des letzten unberührten Teils der Insel sind einen Ausflug wert. So sah Karpathos vor einhundert Jahren fast noch überall aus.

Besonders empfehlenswert ist die Wanderung dorthin, wenn man den alten Monopati von *Avlona* aus geht, bei dem man aber trittsicher und schwindelfrei sein sollte.

Diese Wanderung dauert hin und zurück gut acht Stunden. Gehen Sie niemals alleine und nehmen Sie ausreichend Wasser mit!

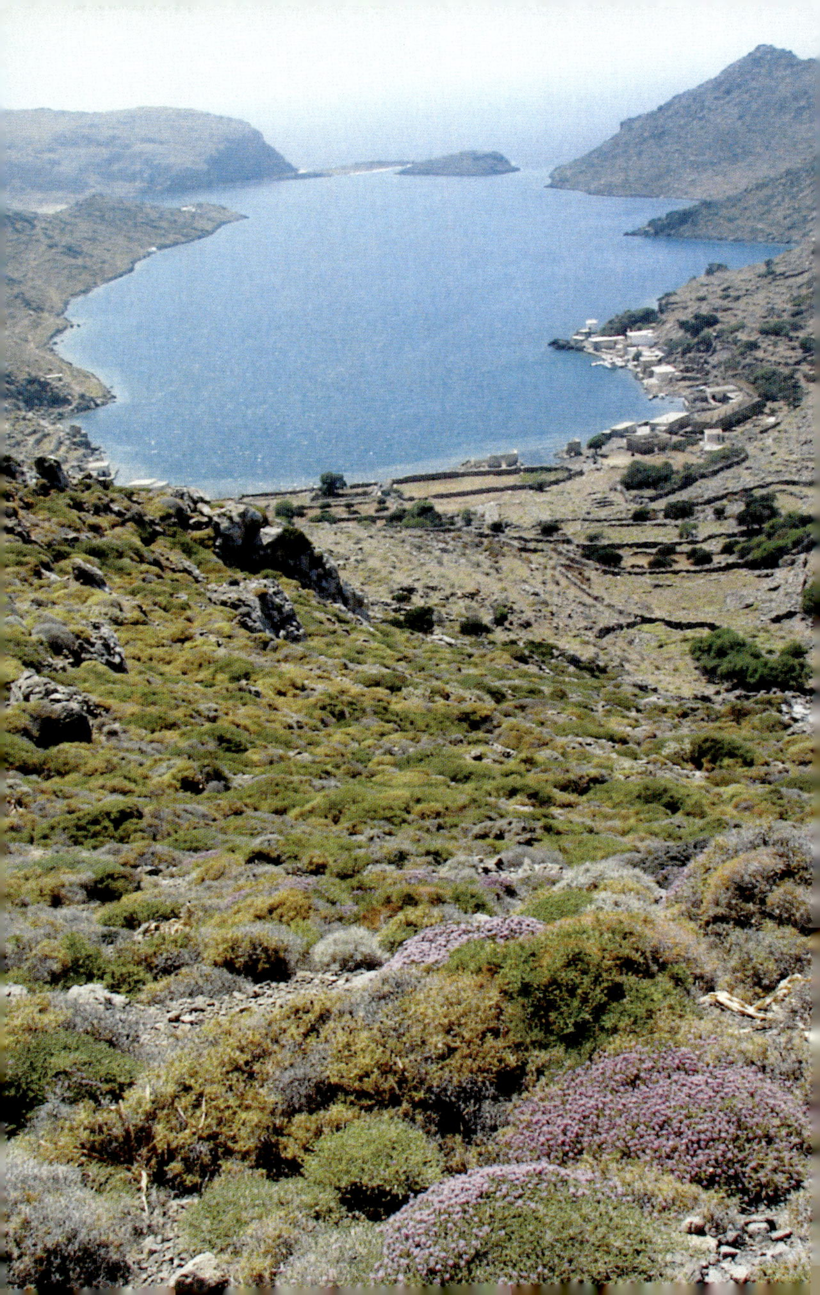

Doppeladler

Dem byzantinischen Doppeladler als Trutzsymbol der stolzen Griechen gegen die osmanische Besetzung begegnet man auf Karpathos auf Schritt und Tritt. Diese Epoche lebt noch heute in den Menschen fort. Man besichtigt byzantinische Kirchen, hört von byzantinischen Traditionen, die in der Musik, in der Volkskunst und im Bewußtsein der Menschen nicht wegzudenken sind.

In zahlreichen Gotteshäusern im Fußboden eingelassen oder als Schmuck am Balkongeländer etlicher Häuser sieht man den Doppeladler, das Symbol des untergegangenen byzantinischen Reiches. Manchmal hält der Adler zusätzlich einen Schlüssel in der Kralle.

Neben der weißblauen Nationalflagge ist der Doppeladler oft vor Kirchen zu sehen, da ihn die orthodoxe Kirche in ihrer Flagge auf gelbem Grund führt.

Konstantinopel, die Hauptstadt des byzantinischen Reiches, wurde 1204 von den Venezianern und den Teilnehmern des vierten Kreuzzugs geplündert. Viele griechische Inseln gerieten nach und nach unter die Herrschaft italienischer Adelsgeschlechter, und so herrschte die Familie *Cornaro* von 1306 bis 1538 auf Karpathos.

Endgültig ging die Stadt jedoch erst 1453 unter, als die Türken sie eroberten und in Istanbul umbenannten.

Die Griechen nennen ihre alte Hauptstadt, in der es noch einen hohen orthodoxen Patriarchen gibt, auch heute noch bei ihrem ursprünglichen Namen *Konstantinopel*.

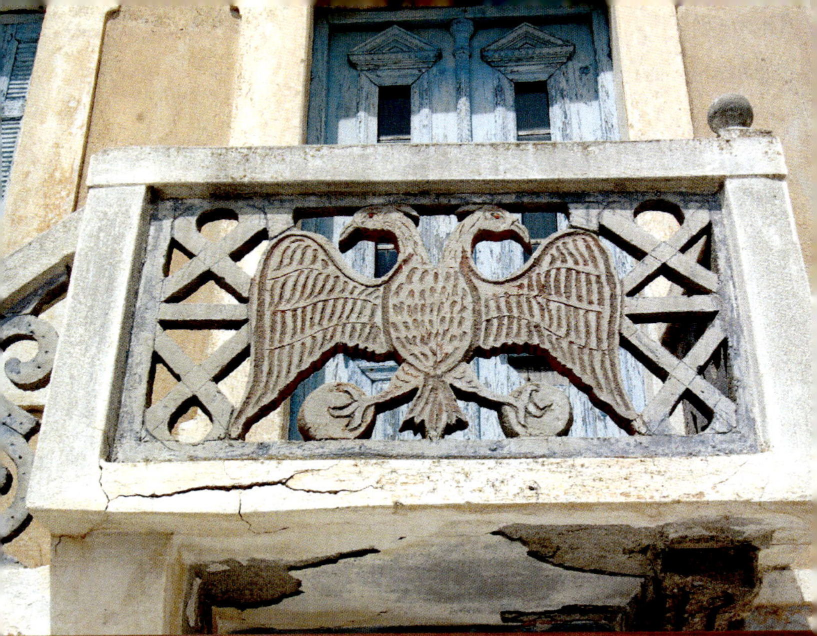

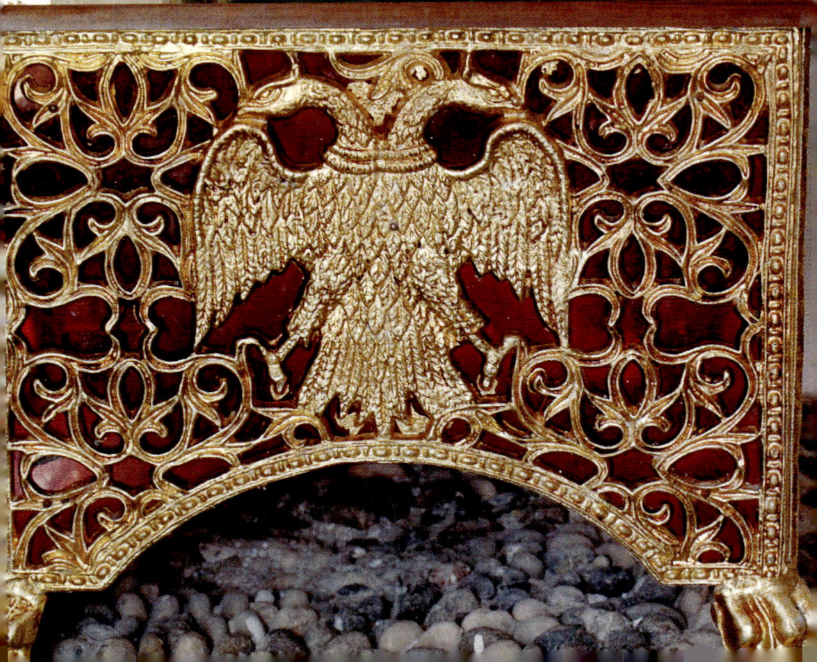

Wir sind die letzten, wir werden es bleiben

Grüne Kiefern, weißer Sand, türkisfarbenes Meer, kleine weiße Schaumkronen: Auf der kleinen Ägäis-Insel Karpathos hat ein Griechenland überlebt, das anderswo längst ausgestorben ist — eine Welt voller Riten, Trachten und Tänze wie in Trance.

Aus den Hügeln steigt plötzlich der Klang einer Lyra, rhythmisch und klagend, wild und leidenschaftlich. Irgendwo sitzt jemand vor seinem Haus und spielt. Doch es ist, als würde die Musik in den Steinen geboren, aus dem letzten Tageslicht, aus der Stille. Sie füllt das ganze Tal, schwingt sich bestimmt bis zu den Bergspitzen der Insel Karpathos und fließt hinunter bis zur Bucht von Pigadia, aber dort wird sie versickern im Lärm des Städtchens.

Von Menetes, dem mittelalterlichen Dorf, sieht man weit über die Ebenen und Buchten des Inselsüdens. Nach Norden versperren Hügel und Berge den Blick, und je weiter man fährt, desto karger wird die Landschaft, desto stiller sind die Dörfer, bis man in Olympos ankommt, dem mythischen Ort aus einer andern Zeit unter dem Gipfel des Profítis Ilías. Die Olymbiten waren lange abgeschlossen vom Rest der Insel. Sie haben Brauchtum, Musik und Sprache bewahrt, und jetzt, heißt es in den Prospekten, leben sie in einem lebenden Museum. Doch davon wollen sie nichts wissen. Sie gehen bewusst auf einem schmalen Grat zwischen Tradition und Moderne. Sie wollen bewahren, was sich zu bewahren lohnt. Sie reden von Stolz und von Würde. Und sie wissen, dass der Tourismus, der ihnen das Überleben sichert, ihre Eigenart zerstören kann.

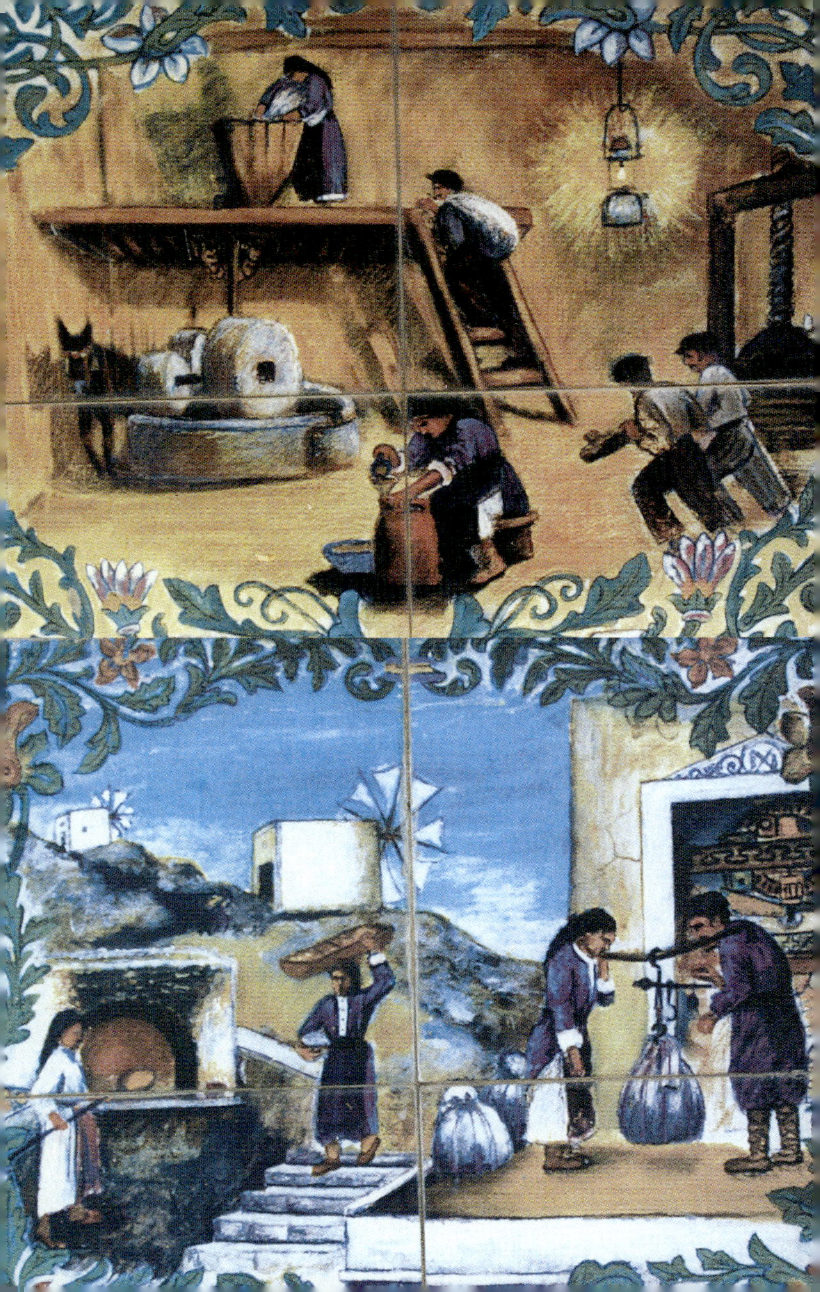

Im Süden von Karpathos kämpft kaum einer ums Überleben. Hier landen seit zwanzig Jahren die Flugzeuge aus Deutschland, Österreich, Holland, Skandinavien. Hotels, Restaurants, Banken, Geschäfte sind vor allem in Pigadia konzentriert, dem lebhaften Hauptort der Insel. Massentourismus gibt es trotzdem nicht, vielleicht, weil alles kleinräumig ist, die Insel, die Orte, die Strände — und vielleicht auch, weil Gäste gekommen sind, die nicht bloß die Nacht in der Bar und den Tag am Strand verbringen wollen. Das können sie natürlich tun: Es gibt rund um die Insel Strände und kleine Buchten, die man oft nur zu Fuß oder mit dem Boot erreicht. Apella auf der Ostseite der Insel ist so ein Strand, von dem man eigentlich nur hinter vorgehaltener Hand reden sollte. Grüne Kiefern, weißer Sand, türkisfarbenes Meer, kleine weiße Schaumkronen. Nein, man sollte nicht mit dem Finger darauf zeigen — wenn Apella nicht ohnehin in jedem Reiseführer angepriesen würde.

An der Südspitze, gegenüber Kassos, der kleinen Schwesterinsel, gibt es einen der besten Surfspots im ganzen Mittelmeer: guter Strand, regelmäßige Winde, nicht nur im Sommer, wenn der verrückte Meltemi bläst, auch im Frühjahr und im Herbst. Und Karpathos ist eine Insel für Wanderer. Da und dort sind die Wege neuerdings markiert, irgendwann wird es eine Wanderkarte geben. In der Inselmitte kann man den Kali Limni besteigen, den höchsten Berg von Karpathos, 1215 Meter hoch. Ganz im Norden führt ein Weg hoch über dem Meer von Diafani zum uralten Naturhafen Tristomo. Thymian und Oregano duften, ein Raubvogel kreist, es ist vollkommen still.

Im karpathiotischen Meer leben Delphine und beim Inselchen Saria Mönchsrobben, davon hat man gehört, und man weiß auch, dass Karpathos die Heimat von Titanen sein soll, dass Prometheus, der Menschenfreund, hier geboren wurde, dass die Insel seit der Jungsteinzeit bewohnt war, dass in der Nähe von

Tristomo das antike Vourkounda lag. Man weiß, dass Karpathos viele Völker kommen und gehen sah — Minoer, Dorer, Perser, Römer, Mauren, Osmanen, Italiener, Deutsche — und auch Piraten, bis die Insel zusammen mit dem ganzen Dodekanes 1948 endgültig dem griechischen Mutterland zugeschlagen wurde.

Das alles und viel mehr hat man gehört, hat man gelesen, hat man von Karpathioten erfahren, weil sie einem immer die Geschichte und das Besondere ihrer Insel näherbringen wollen. Sie reden gern von ihrer Heimat, von ihrer kriegerischen Vergangenheit, von der Not, die ihre Vorfahren ertragen mussten unter den wechselnden Eroberern, vom Elend, das die Menschen immer wieder zur Auswanderung zwang, bis der Tourismus die Dinge zum Besseren wandte. Vom kargen Liebreiz reden sie, von der vielfältigen Landschaft, von Bergen und Ebenen, von Stränden und vom Meer. Sorgsamer, viel sorgsamer als anderswo hätten sie die Traditionen bewahrt, sagen sie, Feste, Lieder, Tänze, die karpathiotische Musik mit den alten Instrumenten Lyra, Lauto und Tsambouna: Kniegeige, Laute und eine Art Dudelsack, gefertigt aus einem Ziegenbalg.

Auch von den Mantinaden erzählen sie, den fünfzehnsilbigen Zweizeilern. Auf Kreta, Kassos und Karpathos werden sie bei Hochzeiten, Taufen, Begräbnissen gesungen. Sie entstehen im Augenblick, erzählen von Freude und Trauer und werden nach strengen Regeln fast immer von Männern vorgetragen. Keiner darf sich ungebeten zur Gruppe der Sänger und Musikanten setzen. Er muss eingeladen werden, und es ist gegen die Sitte, dass einer von sich aus das Thema wechselt. In Dörfern, die durch Auswanderer reich geworden sind, in Aperi etwa, kommen der Bräutigam, die Väter, die Freunde mit dicken Dollarbündeln in der Hosentasche zur Hochzeit, und je mehr die Leute weinen müssen über die Verse, die den einzigartigen Sohn und seine unvergleichlichen Taten preisen, desto öfter werden Dollarscheine hervorgeklaubt und den Sängern zugesteckt.

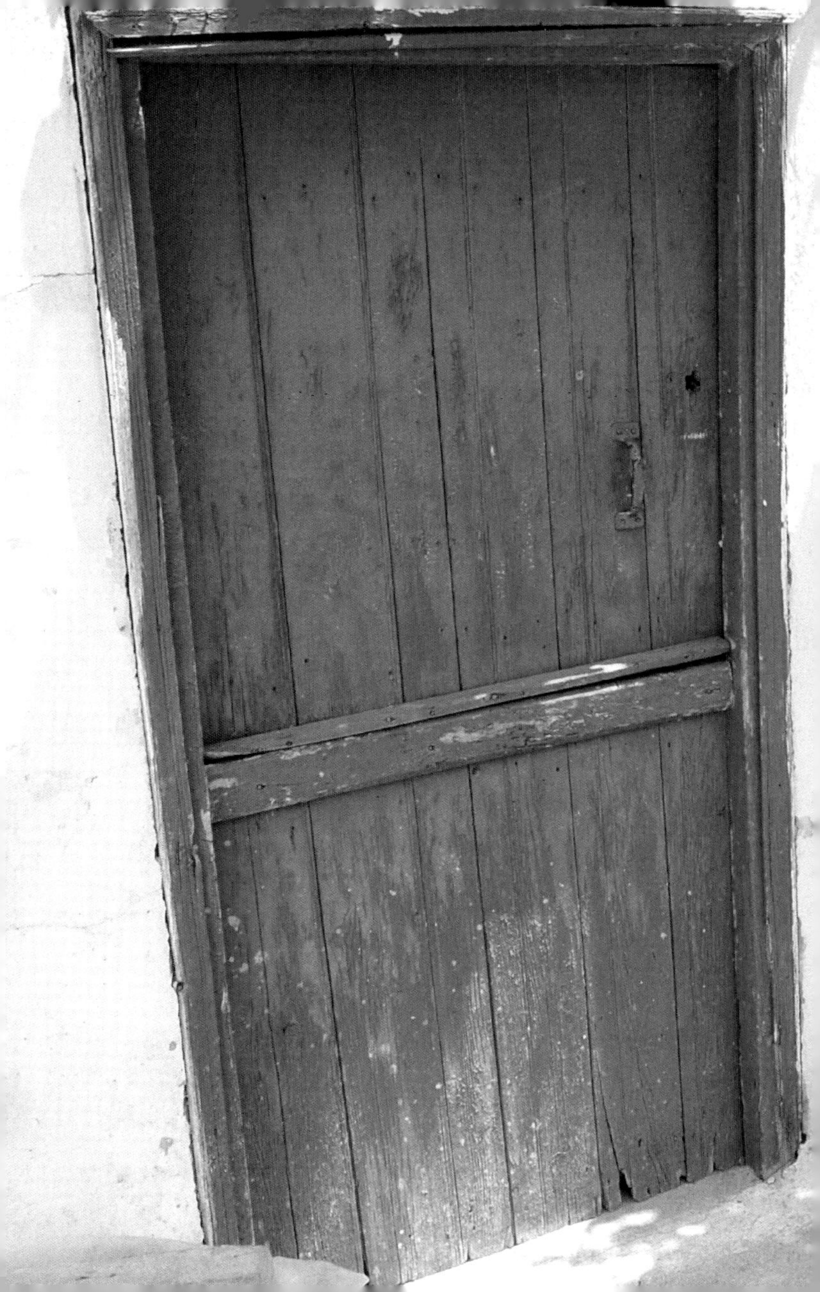

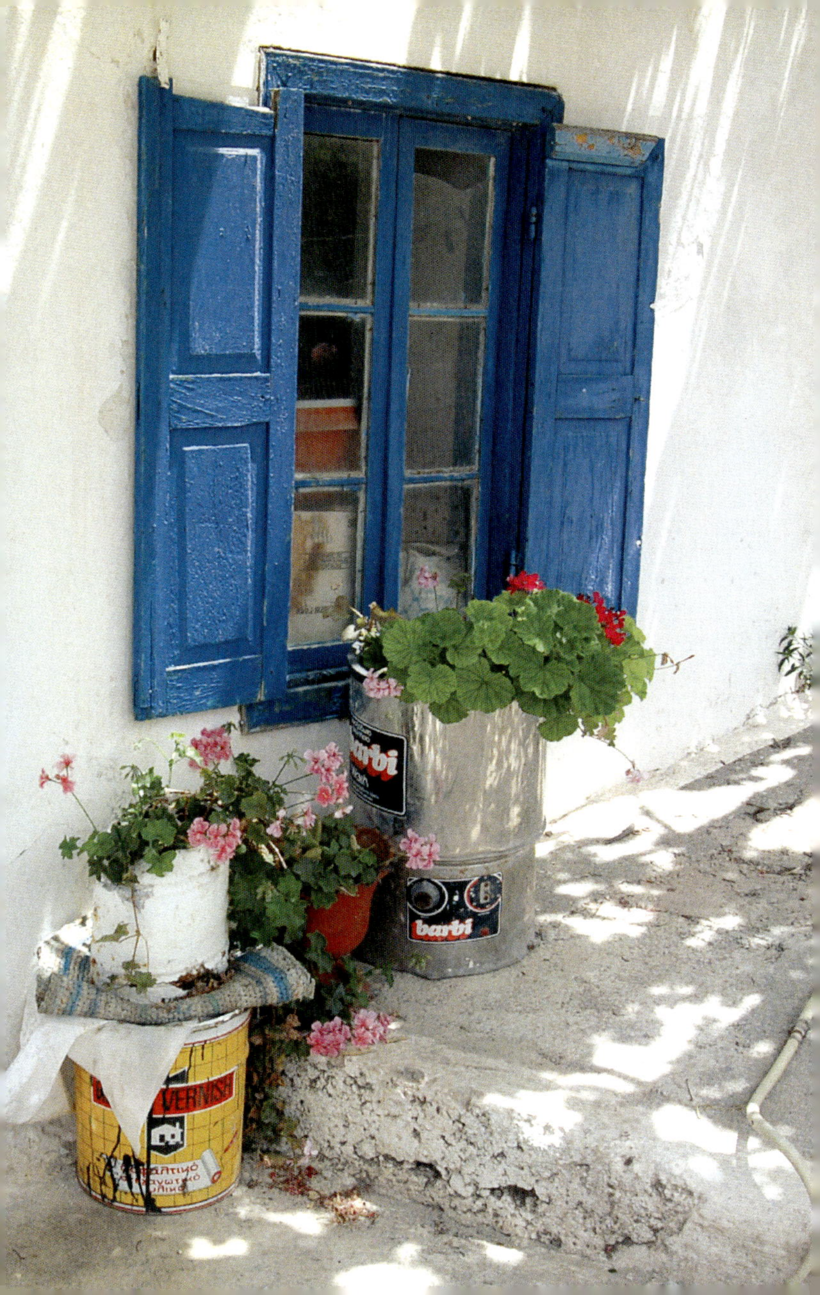
barbi
barbi
VERNISH

Alles gehört, alles gelesen, und doch begreift man erst jetzt etwas vom Wesen der Insel. Erst jetzt, auf einem Wanderweg hoch über dem karpathiotischen Meer, erahnt man die ungeheure Zeitspanne, in der die Sonne auf diese Felsen gebrannt hat. Erst jetzt kann man sich den zähen Fleiß vorstellen, mit dem die Menschen der Erde ihre Nahrung abgetrotzt haben. Erst jetzt erkennt man die unbändige Schönheit von Wasser, Himmel und Fels. Man sollte so einen Weg gehen, bevor man die Insel und ihre Dörfer zu erkunden beginnt.

Voll von Geschichten sind die Dörfer. Im kleinen Fischerdorf Finiki erfährt man die Geschichte von den sieben karpathiotischen Helden, die 1944 während einer entsetzlichen Hungersnot nach Ägypten segelten, um Hilfe zu holen. Sie segelten im stürmischen Herbst los mit einer kleinen Barke ohne Instrumente, drei Tage und drei Nächte waren sie auf dem Wasser. Nach sieben Tagen kehrten sie auf zwei britischen Kriegsschiffen mit Essen und Kleidern zurück.

In Othos lebt der mehr als neunzigjährige Maler und Musiker Ioannis Chapsis. Er hat ein traditionelles karpathiotisches Wohnzimmer als Ortsmuseum eingerichtet. Ein altes Soufa steht darin, von unten geheizt, ein Hochbett, das es noch immer in vielen Häusern gibt. Decken und Teppiche hängen an den Wänden, Musikinstrumente, Fotografien. Chapsis ist ein großer Lyraspieler, und er malt. Es sind naive kleine Darstellungen dörflichen Lebens. Man glaubt ihm sofort, wenn er sagt, das alles sei wirklich passiert, der Hund auf dem Bild habe tatsächlich einen Blinden vom Abgrund zurückgerissen, und auf dieser Hochzeit, genau auf dieser, habe man seinerzeit sieben Tage und Nächte lang gefeiert.

In Mesohori, dem malerischen kleinen Dorf am Fuß des Kali Limni, sitzt der junge Kostantino im Kafenion. Mesohori ist berühmt für seine fruchtbaren Gärten, und es war berühmt für seinen Pinien- und Kiefernwald. Vor vier Jahren ist ein großer Teil des Waldes abgebrannt. Irgendein Idiot hat nicht aufgepasst, sagt

Kostantino. Er lebt seit fünfzehn Jahren in Amerika und kommt im Sommer immer wieder nach Hause zurück. Es war furchtbar, sagt er, die Flammen kamen bis zu den ersten Häusern des Dorfes. Ich bin traurig, sagt er und kickt achtlos seinen glühenden Zigarettenstummel weg.

Doch in Olympos, dem Bergdorf im Norden, dem Fluchtort vor den Überfällen der Piraten, ist alles anders. Die Olymbiten haben viele hundert Jahre für sich gelebt, Verbindung zum Süden gab es nur auf Saumpfaden oder übers Meer. In ihrer Mundart sind viele dorische Wörter lebendig, und auch in ihrem Aussehen, in ihren Sitten und Bräuchen unterscheiden sie sich von den Karpathioten im Süden. Sie sind ihnen fremd geblieben, sie waren die da im Norden, und manchmal ist es noch immer so. Die Telefon- und Stromleitung wurden erst 1980 ins Dorf gelegt. Die Straße, die diesen Namen nicht verdient, wurde 1979 gebaut und ist seit bald dreißig Jahren nicht wirklich befahrbar.

Wenn die Touristen am Nachmittag verschwunden sind, ist das Dorf wieder so, wie es immer gewesen ist. Kinder spielen in den Gassen, Männer murmeln vor den Kafenia, aus den Häusern klingen die Stimmen der Frauen, von den steilen Hängen bimmeln die Glocken der Ziegen und Schafe. Der Wind faucht. Ein Hahn kräht. Weit unten schimmert das Meer. Was wird geschehen, wenn die Straße einmal fertig ist und die Besucher rund um die Uhr das Dorfleben mitbestimmen? Wenn es diese Pause nicht mehr gibt, in der die Leute von Olympos zu ihrem eigentlichen Rhythmus finden? Werden sie dann noch immer abends in den Kafenia zu den Instrumenten greifen und zu ihrem eigenen Vergnügen die wunderbare Musik von Olympos spielen? Es ist die Tourismusfalle. Wenn immer mehr Touristen kommen, ist die Lebensart der Olymbiten gefährdet, und wenn die verschwindet, kommen die Touristen vielleicht nicht mehr.

Noch tragen ältere Frauen die Arbeitstracht mit den gestickten Borten, und sie tun es nicht für die Touristen, noch backen sie die mächtigen Laibe ihres kräftigen dunklen Brotes in den Dorfbacköfen. Wenn die älteste Tochter heiratet, die Kanakara, was ungefähr „die Verhätschelte" bedeutet, bekommt sie nach dem Erbrecht von Olympos den größten Teil von dem, was die Mutter in die Ehe mitgebracht hat. In Olympos, sagen die Griechen, wird das Griechische bewahrt. So haben die Griechen vor vielen Jahren gelebt, sagen sie und schauen sich jedes Jahr im Fernsehen die Riten des olympitischen Osterfestes an, als könnten sie ihnen das ersetzen, was sie selbst verloren haben. Olympos ist ein Traum von Griechenland, ein Mythos.

Doch Olympos droht auszusterben. Vor fünfzig Jahren noch haben hier fast zweitausend Leute gelebt; jetzt sind es dreihundert. In der Schule sind zweihundert Kinder unterrichtet worden; jetzt sind es zwanzig. Das Leben ist hart in Olympos, es gibt wenig Arbeit. Viele Olymbiten sind ausgewandert, nach New York, nach Baltimore. Aber manche von den Jungen wollen nicht weg, und manche kommen zurück. Mike hat die Nase voll von der Großstadt und verkauft jetzt Gewürze. Níkos hat zehn Jahre in New York als Taxifahrer gearbeitet; jetzt führt er mit seiner Frau María ein kleines Hotel und eine Taverne am Dorfplatz. Da sitzen die Männer und warten, bis der Meltemi die allzu kurzen Röcke der fremden Frauen noch höher weht. Manchmal, spotten sie, ist es besser, wenn der Wind nicht bläst.

Es ist eine kleine Rache für das, was sich viele Besucher leisten. Viele Leute haben keinen Respekt, sagt Níkos. Er macht sich Sorgen, und manchmal wird er richtig wütend. Die wissen ganz genau, wohin sie fahren, sagt er, und trotzdem spazieren sie im Bikini durchs Dorf, das Handy in der einen, die Kamera in der anderen Hand: Wo sind die Eingeborenen? Und sieh mal, sie tragen tatsächlich Tracht. Dann kommen sich viele von uns wie Kamerafutter vor, und manche verschwinden in ihren Häusern.

In Vourkounda am Nordwestkap der Insel feiern die Leute von Olympos das Fest von Johannes dem Täufer. In Kesseln dampfen

Reis und Fleisch, auf den Tischen steht Retsina. In der Felsenkirche des Täufers brennen die Kerzen. Unter dem gewaltigen Sternenhimmel schwingt die Lauto, schluchzt die Lyra, jubelt die Tsambouna. Die Frauen tragen ihre wunderbar schimmernden Festtagsgewänder, fassen sich über Kreuz an den Händen und beginnen einen uralten Tanz, der Kato Choros heißt, langsam, monoton, und es ist, als würden Bilder und Klänge heraufgeschwemmt aus einer vergangenen Zeit. Sie tanzen bis zum Morgengrauen, Männer und Frauen, manche wie in Trance, mit geschlossenen Augen. In dieser Nacht scheint es undenkbar, dass die Kraft, zu bewahren, was zu bewahren sich lohnt, jemals versiegen könnte.

FAZ vom 21.Mai 2008

Märchen aus Menetes

Reichtum, Glück und Liebe

Es war einmal vor langer Zeit, als eine Frau im Garten vor ihrem Haus arbeitete und sah, wie sich drei greise Männer langsam näherten, die Erfahrungen eines langen Lebens mit sich trugen.

Sie begrüßte die Drei und lud sie zu einer Mahlzeit ins Haus ein, da sie annahm, dass die Männer bestimmt hungrig sein müssten.

Einer der Männer fragte die Frau, ob ihr Ehemann ebenfalls anwesend sei. Als sie das verneinte, da er noch auf dem Feld arbeitete, lehnten es die Männer jedoch ab, das Haus zu betreten.

Bald kam der Ehemann von seiner Feldarbeit zurück und die Frau erzählte ihm von den Besuchern, die noch immer draußen vor der Tür warteten. Ihr Mann war damit einverstanden, den Greisen die Gastfreundschaft zu gewähren und schickte seine Frau hinaus, um sie herein zu bitten.

Die drei Alten stellten sich nacheinander als *Der Reichtum*, *Das Glück* und *Die Liebe* vor und erklärten der nun überraschten Frau, dass es Ihnen leider nicht möglich sei, das Haus gemeinsam zu betreten.

Und so baten sie die Frau, dass sie zurück zu ihrem Mann gehen solle, damit dieser einen von ihnen zum Mahle auswählen möge. Die Frau tat wie ihr aufgetragen war und berichtete ihrem Mann von dem Erlebnis.

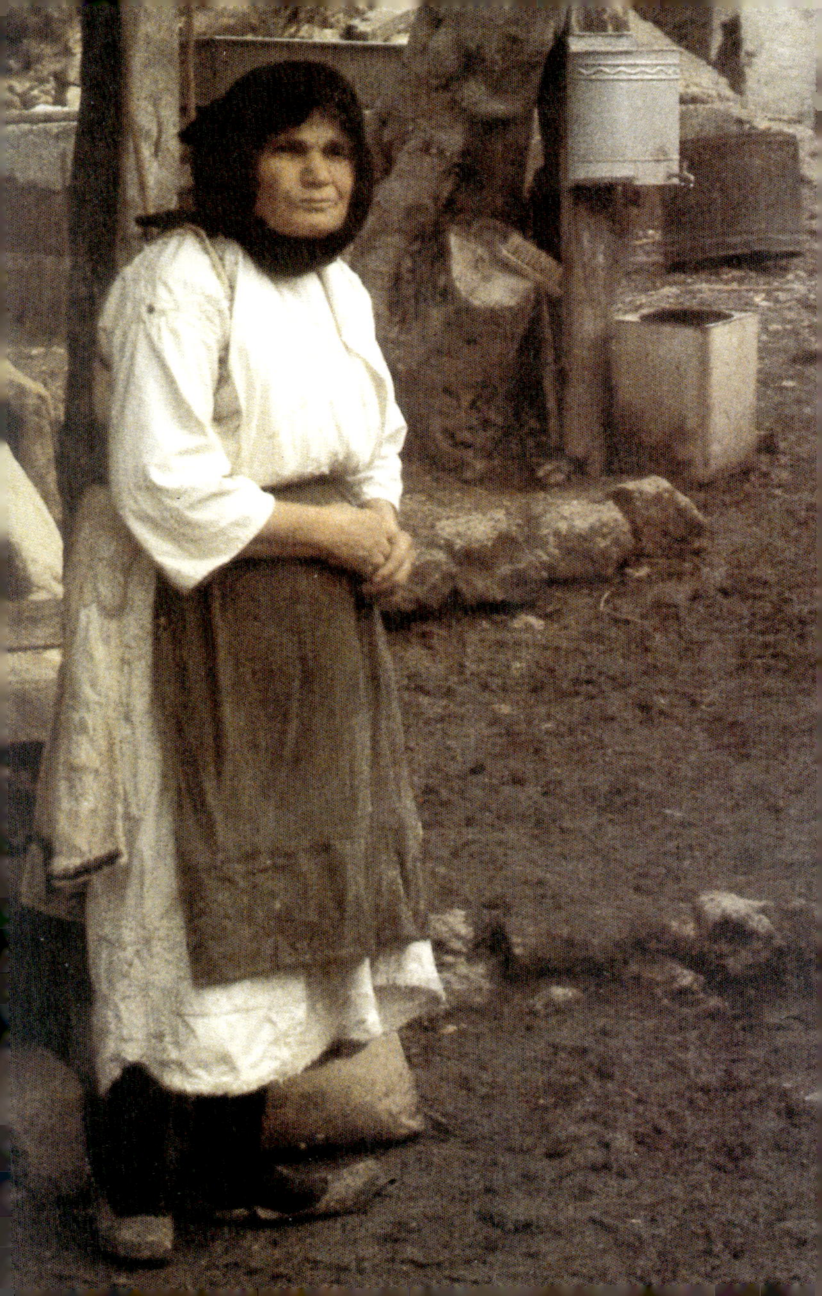

Dieser entschied sich sogleich begeistert für *Den Reichtum* und konnte nicht fassen, was für eine Gunst des Schicksals die Familie an diesem Tag erfuhr. Seine Frau war mit der Entscheidung allerdings nicht einverstanden, da sie sich lieber für *Das Glück* entschieden hätte.

Die Tochter der Beiden, die in einer Ecke des Zimmers saß und ihren Eltern zuhörte, fragte daraufhin, ob es nicht klüger wäre, sich für *Die Liebe* zu entscheiden. Die Vorstellung, dass das ganze Haus ab heute immer voll Liebe sein würde, gefiel ihr gut.

Das überzeugte die Eltern und der Vater bat seine Frau hinauszugehen, um *Die Liebe* ins Haus zu bitten.

Die Frau tat was ihr Mann von ihr verlangte und *Die Liebe* schritt daraufhin langsam auf den Eingang des Hauses zu ... und die beiden anderen Männer folgten ihr!

Die Frau war irritiert und erklärte, dass sie ja nur *Die Liebe* eingeladen hätte und fragte. warum die beiden anderen nun auch mitkommen wollten.

Da erklärte ihr *Die Liebe,* dass, bei einer Entscheidung für *Den Reichtum* oder für *Das Glück* die beiden anderen draußen geblieben wären. Aber da die Familie *Die Liebe* gewählt habe, sei es immer so, dass *Das Glück* und *Der Reichtum* mit dieser einhergehen.

Marienkirche Kimissis tis Theotokou

Das eindrucksvolle Gotteshaus, das aus einem langen Schiff besteht, wurde 1845 erbaut und ist das Wahrzeichen des Dorfes.

Vom Plateau aus hat man einen besonders schönen Blick auf die bunten Häuser des Ortes und auf die wenige Kilometer entfernte Bucht von Pigadia.

Den Bau der Kirche sollen die Einwohner von Menetes nach dem Eintreten eines Wunder begonnen haben. Im Dorf erzählt man sich noch heute die folgende Geschichte:

Mitte des vorletzten Jahrhunderts soll hier oben eine Frau versucht haben, ihren kleinen Sohn zu ermorden. Sie bat das Kind, so die Legende, eine besonders schöne Blume, die nahe am Abgrund blühte, zu pflücken. Als der kleine Junge sich bückte, gab sie ihm einen kräftigen Stoß, sodass er den 90 Meter steil abfallenden Felsen hinunter fiel. Aber bevor etwas Schlimmes passieren konnte, wurde der kleine Nikos von einer strahlend schönen, weiß gekleideten Frau aufgefangen – von Maria, der Mutter Gottes.

Es existiert noch eine zweite Version des „Wunders von Menetes":
Ein Wittwer suchte eine neue Frau, weil seine Gemahlin bei der Geburt ihres Babys verstorben war. Er fand auch bald eine, die es allerdings nur auf sein Geld abgesehen hatte und den lästigen Säugling kurzerhand den Felsen hinunter warf.
Am nächsten Morgen fand man den Säugling, an seiner Windel in einem Baum hängend, wohlauf vor.

Nur in den *Kafenia* von Menetes kursiert eine dritte Variante der Geschichtet:
Ein Kellner aus einem ortsansässigen *Kafenion* stolpert mit einem Tablett gefüllter Ouzogläser über die Klippen und blieb nach einem steilen Fall mit seinem Hosenräger an einem vorstehenden Ast eines Olivenbaumes hängen.
Das war aber noch nicht das eigentliche Wunder, sondern die Tatsache, dass er das Tablett mit den Ouzogläsern noch fest in der Hand hielt, ohne einen Tropfen verschüttet zu haben.

Königinnen

*Schau in die Augen der Frauen und du wirst sehen,
wie dich der große, auf seine irdische Weise
heiligägäische Himmel anschaut.*
Lawrence Durell

Wie Königinnen sitzen sie auf ihren Mauleseln und reiten über das steinige Land, kauern vor ihren rußenden, rauchenden Backöfen oder treiben Ziegenherden über staubige Hänge. Bei den Frauen im Norden von Karpathos wird man mit einem Jahrhunderte alten, wilden Stolz konfrontiert, der dem dorischen Erbe entstammt, den selbst Piraten oder türkische Eroberer nie brechen konnten.

Diese starken, selbstsicheren Geschöpfe sind aus dem geboren, was man auf dieser Insel seit Menschengedenken nie kannte: Wohlstand und Sorglosigkeit.

Trotzdem oder gerade deswegen haben sie von ihrer Würde nichts eingebüßt – hager, abgearbeitet, Mütter zahlreicher Nachkommen, unzerstörbar in sich selbst.

Von Kindesbeinen an sind sie an schwere Arbeit gewöhnt. Bei jedem Wetter hüten sie die Ziegen oder bestellen ihre Felder, um anschließend beim Hausbau mit anzupacken und den Haushalt zu führen. Diese Körper müssen arbeiten, um sich wohlzufühlen. Solch starke Persönlichkeiten kennen keine Müdigkeit, keinen Verdruss, nur diese unbegreifliche Vitalität, welche die reinste Freude am Dasein spüren lässt.

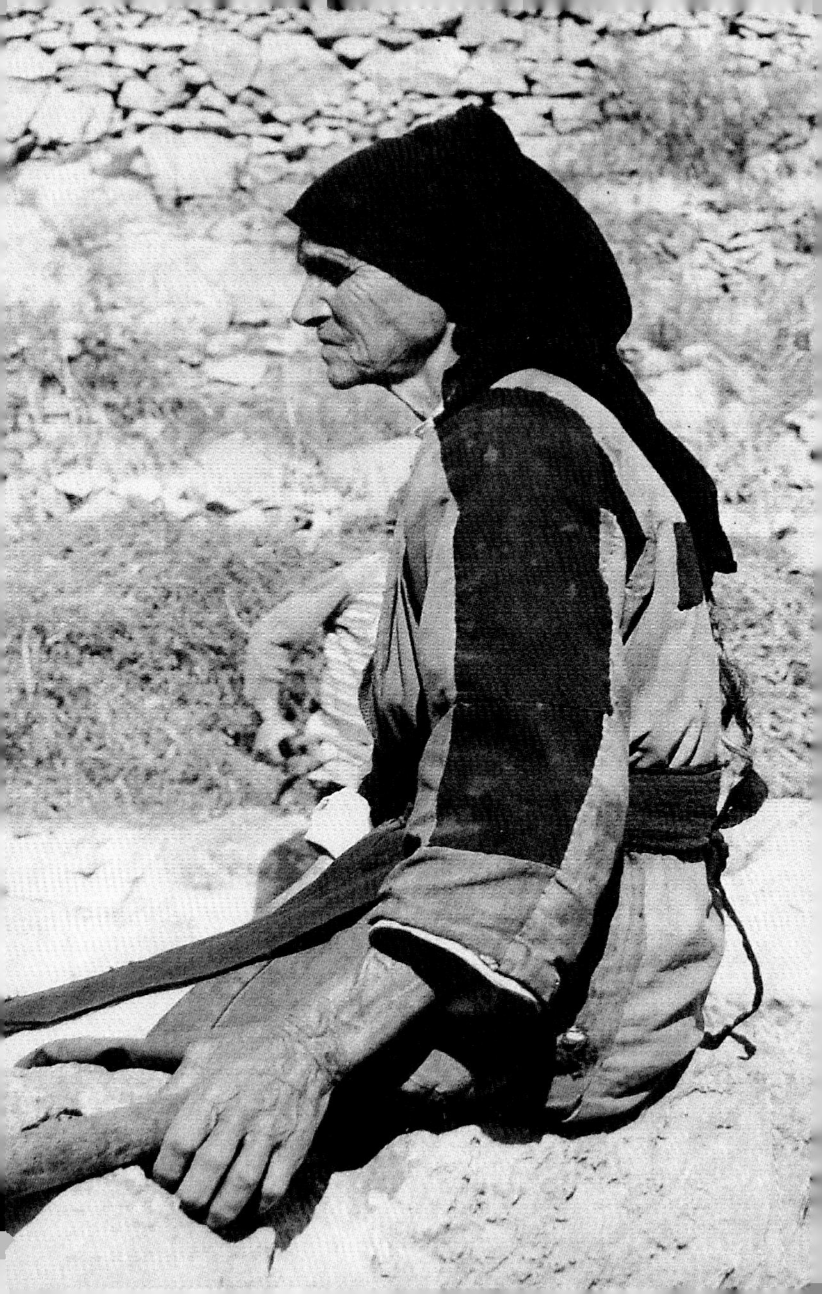

Das entbehrungsvolle Leben hat ihr Aussehen und ihre Haltung geprägt. Auffällig ist immer wieder, wie sehr sich die Frauen in ihrem Erscheinungsbild ähneln.

Wie ihre dorischen Vorfahren blicken sie aus tiefschwarzen Augen und besitzen schwarze, manchmal über den großen Augen zusammengewachsene, Augenbrauen. Hart und undurchdringlich kann so der Gesichtsausdruck wirken. Dieser drückt aber keinesfalls eine abweisende Haltung dem Fremden gegenüber aus, denn in der Tiefe ihres Inneren sind sie voller Schelmenhaftigkeit, die sie durch ihr offenes, ja mädchenhaftes Lachen zeigen, wenn man mit ihnen erst einmal ins Gespräch gekommen ist.

Die Männer respektieren ihre Frauen. Diese wiederum wissen es zu schätzen, dass „Mann" ihre Persönlichkeit, ihre Kraft, ihre Energie und ihre mentale Stärke bewundert.

Diese Frauen haben jederzeit das Steuer des sozialen und wirtschaftlichen Stürmen ausgesetzten Familienlebens fest in der Hand. Sie sind die guten Geister, sie regieren eine kleine Welt, die gefestigt und intakt ist in einer uralten und ureigenen Gesetzmäßigkeit.

So ist es nur konsequent, dass das besondere Erbrecht auf Karpathos bis in die heutige Zeit bewahrt wurde.

Die älteste Tochter, die *Kanakara* („die Verhätschelte") erbt am Tag ihrer (von ihrer Mutter arrangierten) Eheschließung alles, was die Mutter in die Ehe eingebracht hat.

In den meisten Fällen umfasst dies das Wohnhaus der Mutter, den gesamten Hausrat und die Felder, also praktisch das ganze Familienvermögen. Der älteste Sohn bekommt das, was sein Vater in die Ehe eingebracht hat. In der Regel ist das nur ein Bruchteil des Eigentums seiner Frau. Alle anderen Kinder gehen leer aus und sind praktisch zum Auswandern verdammt.

In den letzten Jahrzehnten wurde dieses strenge Erbrecht etwas aufgeweicht und viele Familien versuchen, ihr Erbe gerechter unter den Kindern aufzuteilen.

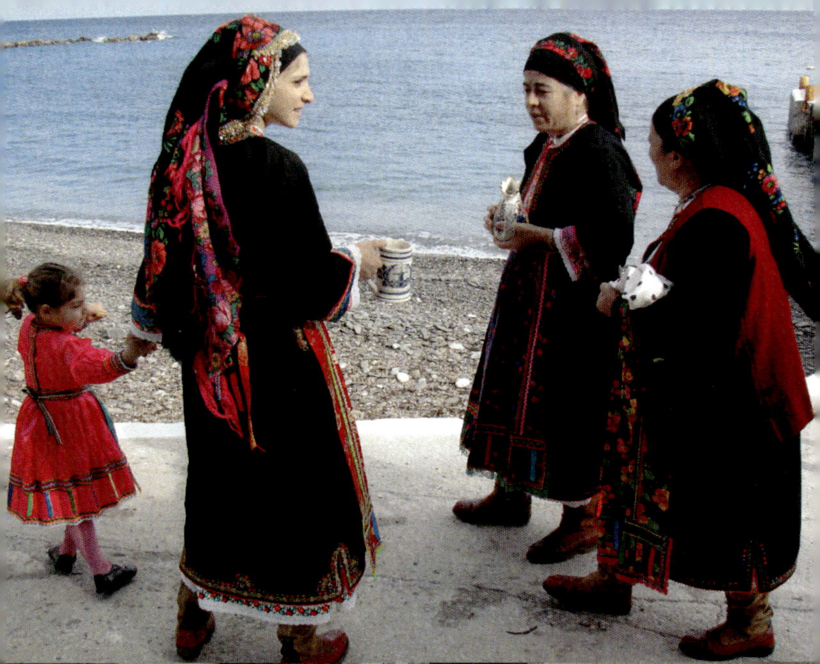

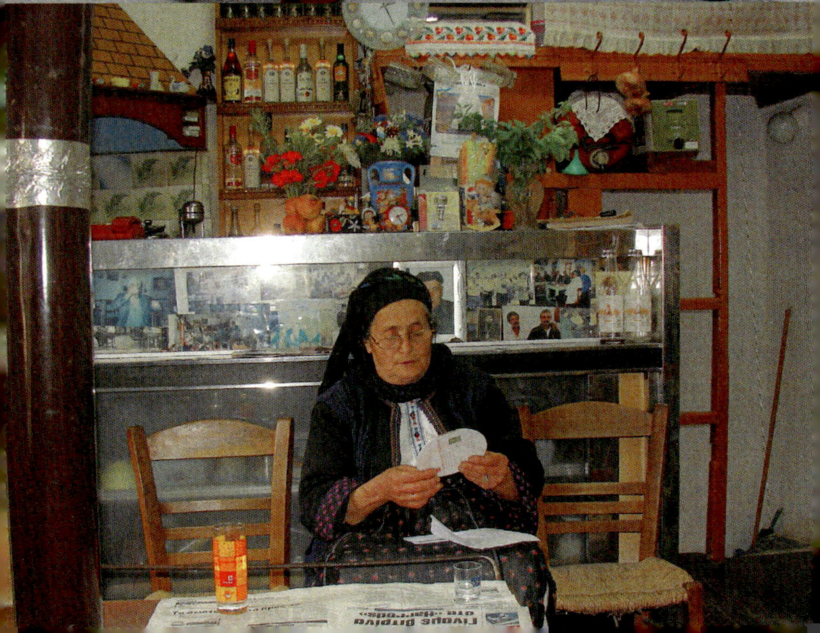

Gefährliche Zeiten

Rhodos, 1945:
»Als erstes wurde der Hafen entmint, damit die Lebensmittelkonvois hereinkommen konnten; einen Teil der Minensuche erledigte das Meer von selbst — ich erinnere mich an Strandbuchten, wo die Winterbrandung so gewütet hatte, dass ein ganzes Feld von Tellerminen angetrieben worden war und die Minen mit ihren häßlichen weißen Stahlgesichtern am Ufer lagen. Manchmal entschärften kleine Fischerjungen die Minen, dass heißt, sie krochen unter Einsatz ihres Lebens durch die Minenfelder, um sich etwas Sprengstoff zum Fischen zu verschaffen …«

Die Schilderung von *Lawrence Durell* (Griechische Inseln), der solche Szenen als Mitglied der britischen Armee erlebte, die nach dem Krieg die Aufgabe hatte, die Minenfelder auf den Inseln des Dodekanes zu räumen, könnte sich genauso gut auf Karpathos zugetragen haben.

Im Juni 1945 kam es im Hafen von Pigadia beim Verladen von Munition zu einerm folgenschweren Unglück, als sechs indische Soldaten des britischen Heeres bei einer schweren Explosion ums Leben kamen. Sie wurden auf dem *Indian Cemetery*, dem *Indischen Friedhof* von Pigadia begraben, da sie als Nichtchristen auf dem orthodoxen Gottesacker nicht beigesetzt werden durften.

An die Soldaten erinnert ein Gedenkstein, den man findet, wenn man von Pigadia aus in Richtung Flughafen links zur Kirche *Agia Kiriaki* abbiegt.

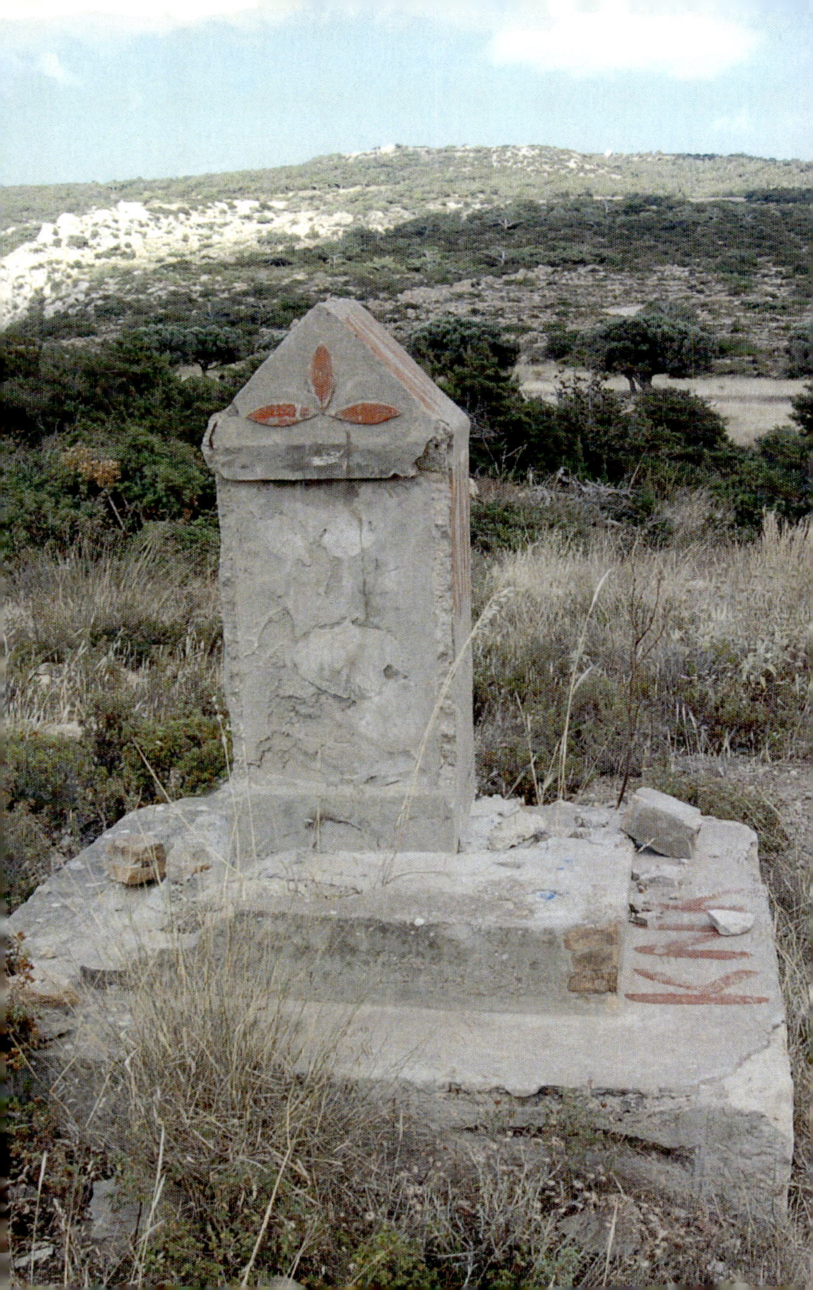

Weißes Gänseblümchen

Die Mühlen auf Karpathos fangen den Nordostwind auf, der von der Ostseite der Insel kommend zwischen den Tälern braust.

Die Segeltuchdreiecke der Windmühle sind an acht bis zwölf dünnen Armen befestigt. Wenn alle Segel aufgerollt und festgemacht sind, wirkt die griechische Mühle nackt und kahl, vergleichbar mit einem Löwenzahnkopf, von dem alle Samen davongeflogen sind. Wenn sie aber in Betrieb ist und sich gegen den gleißenden Himmel dreht, sieht die Mühle wie ein großes weißes Gänseblümchen aus, das einen Sonnenstich hat.

Eine griechische Windmühle besitzt verschiedene Variationsmöglichkeiten, um sich der Windstärke anzupassen.

Von den acht bis zwölf Segeln, die der Müller zur Auswahl hat, kann er je nach Windstärke wählen, so z.B. nur vier bis sechs halb gerefft setzen oder aber alle zwölf voll anziehen. Das ist ein einfacher und sinnvoller Mechanismus.

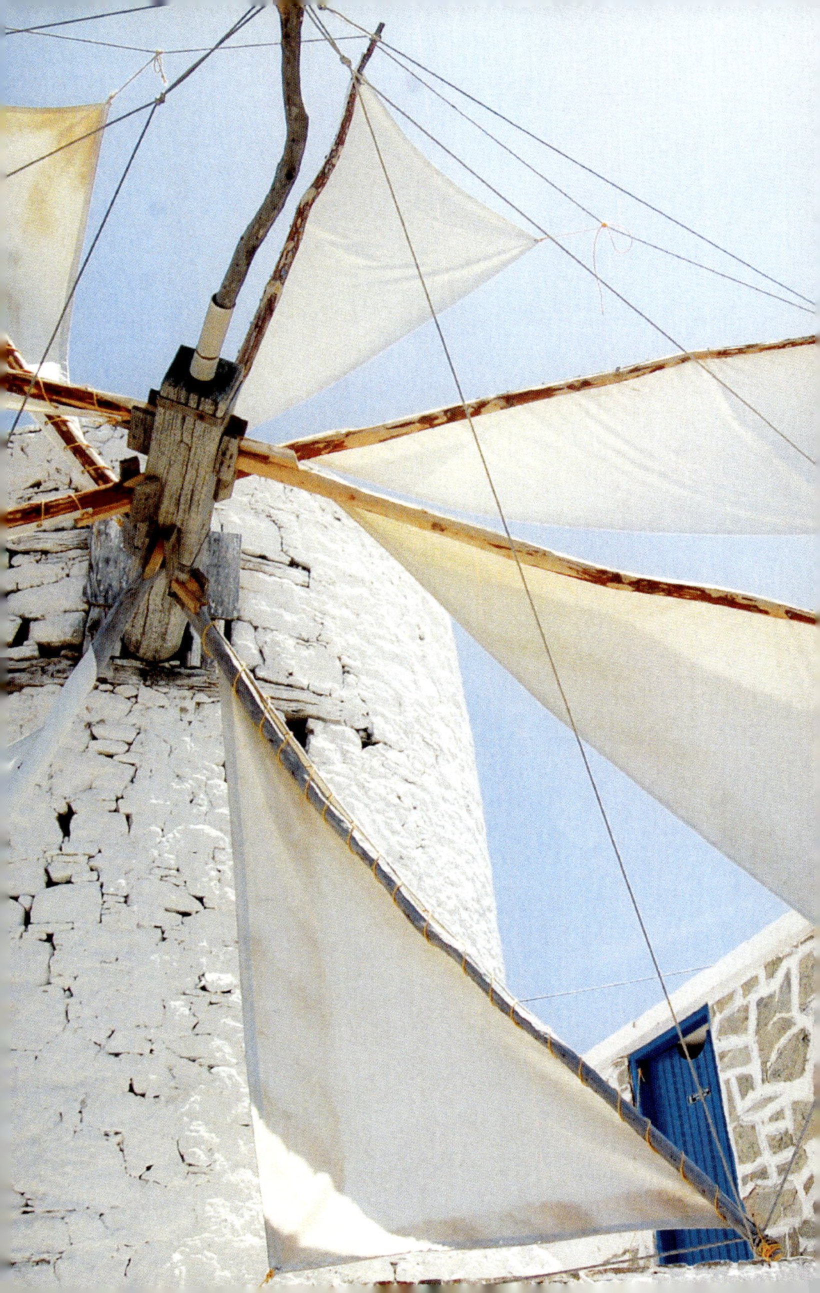

Textquellen

Einige Textpasssagen in diesem Buch wurden durch die Reiseberichte von *Lawrence Durell* und *Henry Miller* inspiriert, die bei rororo, Reinbeck erschienen sind.

Märchen aus Menetes
www.menetes.gr/paramithia.html, übersetzt von Manfred Jung, Bad Vilbel; *Schwab, Karpathos,* Michael Müller Verlag, Erlangen; *Gottschall/Heilis, Karpathos-Reisehandbuch*, Unterwegs-Verlag, Singen

Poseidons Rosse
Angelehnt an *Dagmer Nick, Götterinseln der Ägäis,* Langen/Müller Verlag 1981, Seiten 11-13

Piraterie im Mittelmeer
www.wapedia.mobi/de/Mittelmeer

Taverne Karpathos
Baltimore CITY-PAPER

Die Nabelschnur
Angelehnt an *Vrukunda / Rückkehr auf der Nabelschnur,* Rainer Störtenbecker, vis-à-vis- Verlag, Buxdehude

Kosarengesindel
Jules Verne, Der Archipel in Flammen, 1884

Gänseblümchen
Nach Ernle Bradford, Die Griechischen Inseln, Prestel Verlag, 1967

Bildquellen

Seiten 11u, 15, 53u, 98 u, 102/103, 105-116, 123u, 128-133, 153: Sepp Heiss, Ferreirola/Spanien — *Seite 55:* Tomáš und Lida Miček, Griechenland/Die Inseln, Süddeutscher Verlag 1979 — *Seiten 70, 71, 75:* Martina Greve, Neuwied — *Seite 77o:* Carsten Grunwald/pixelio.de — *Seite 77u:* Claudia Hautumm/pixelio.de — *Seiten 86-93:* Erich Hänßler, Albershausen — *Seite 99u; Karl-Ludwig Jaeger/pixelio.de* — *Seite 104:* René Baldinger/pixelio.de — *Seite 122:* Monika Schmidt, Chemnitz — *Seiten*

123o, 125, 150: Horst Hundemer, Wartenberg — *Seite 146:* Otto Siegner, Griechenland / Ein Bildwerk, Verlag Ludwig Simon, München 1955 — *Seite 147:* Tomáš und Lida Miček, Griechenland / Die Inseln, Süddeutscher Verlag 1979 — *Seiten 2-8, 11o, 18-21, 24-42, 52, 53o, 56, 58-61o, 73, 76, 80-85, 94, 95ol/ml/ur, 98o, 99o, 100/101, 118-121, 127, 134-145, 149, 151, 155, 157:* Manfred Jung, Bad Vilbel

Bei einigen Fotos war es leider nicht möglich, die Anschriften der Urheber ausfindig zu machen. Sollten Sie Urheber von einem oder mehreren Fotos sein, die in diesem Buch abgedruckt sind, setzen Sie sich bitte mit dem Verlag in Verbindung.

Auflösung

Was bedeutet:
dichtholen? = *Das Segel mit Wind füllen.*
fieren? = *Den Winddruck aus dem Segel nehmen.*
backhalten? = *Das Segel wird gegen den Wind gehalten.*
anluven? = *Eine Richtungsänderung zum Wind hin.*
killen? = *Ein nicht „voll" stehendes Segel.*
schiften? = *Segelwechsel auf die andere Seite.*
krängen? = *Die seitliche Neigung eines Boards um die Längsachse.*
abtriften? = *Die seitliche Versetzung durch Wind und/oder Strömung.*
kreuzen? = *Im Zick-Zack-Kurs gegen den Wind ansegeln.*
querab = *90° zur Fahrtrichtung.*
wenden? = *Ein Manöver: der Bug dreht durch den Wind.*
halsen? = *Ein Manöver: das Heck dreht durch den Wind.*
Quelle: www.surfandkite.de

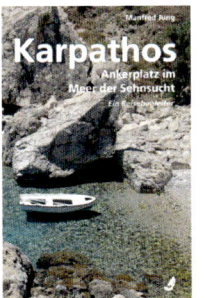

KARPATHOS

KARPATHOS
Ankerplatz im Meer der Sehnsucht
Ein Reisebegleiter
von Manfred Jung
ISBN 978-3-00-029750-2
Taschenbuch, 4-farbig mit vielen Fotos
160 Seiten
15,90 Euro

Geschichten von einer griechischen Insel
von Roger Jinkinson
ISBN 978-3-9814396-0-1
Taschenbuch
192 Seiten
15,00 Euro

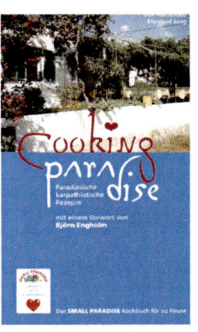

COOKING PARADISE
Paradiesische karpathiotische Rezepte
Das SMALL PARADISE Kochbuch für zu Hause
von Irini Harokopos/Manfred Jung
Taschenbuch, 4-farbig mit vielen Fotos
48 Seiten
9,00 Euro
nur direkt beim Verlag oder in der Taverne Small Paradise (Lefkos) erhältlich

γ edition-galini / Verlag Gisela Preuss
Kontakt: *travelingkrauts122@hotmail.com* • **Facebook:** *Karpathos-Books*